全员、全业务、全流程、全视角
全面预算管理特点
A
预算规划
P
绩效考核
目标
沟通与协调
预算编制
C
跟踪分析
执行监控
D
全面预算管理PDCA循环
①预算管理
全生命周期的预算管理平台
定位
预算体系建立
预算编制
预算审批下达
预算管理系统
预算调整
预算分析
预算考核评价
功能模块
②预算管理系统
数字化时代的控制矩阵
预算申请→预算冻结→预算释放→预算占用
预算控制动作
预算维度
部门
科目
项目
产品
预算环节
事前控制
事中控制
事后控制
预算周期
年度预算
季度预算
月度预算
控制口径
收付实现制
权责发生制
控制方式
定额控制
累计控制
组控制
单项控制
总额控制
控制策略
允许
警告
禁止
预算控制矩阵
③预算控制
预算执行过程的管控系统
定位
预算导入
预算复核
控制规则设置
预算控制系统
控制节点自定义
预算报表查询
预算分析云图
功能模块
④预算控制系统
预算基础配置
预算导入
预算复核
员工申请
预算占用
审批审核
提单报销
预算冻结
领导审批
系统流程

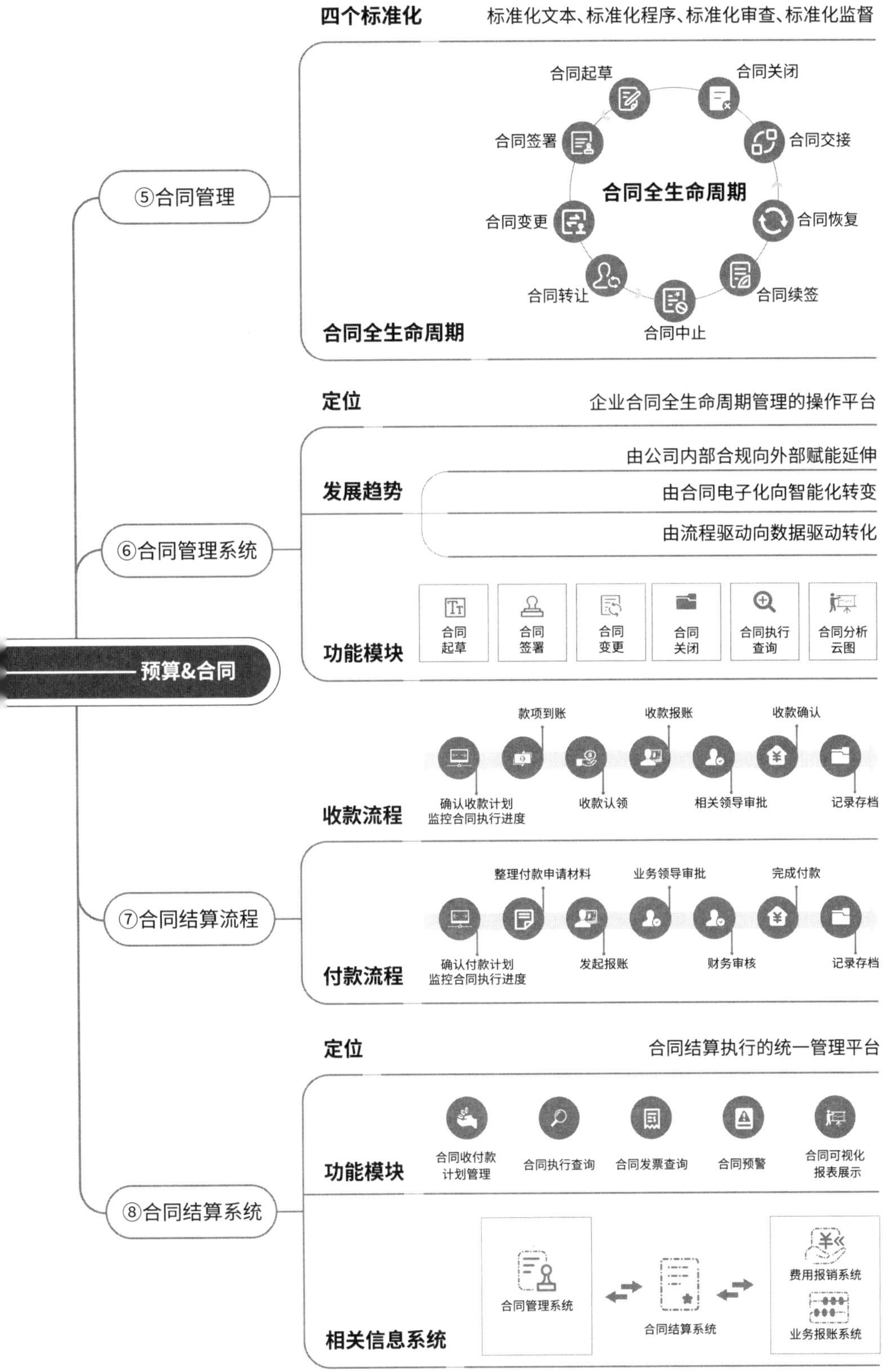

预算&合同
⑤合同管理
四个标准化
标准化文本、标准化程序、标准化审查、标准化监督
合同全生命周期
合同全生命周期
合同起草
合同关闭
合同交接
合同恢复
合同续签
合同中止
合同转让
合同变更
合同签署
⑥合同管理系统
定位
企业合同全生命周期管理的操作平台
发展趋势
由公司内部合规向外部赋能延伸
由合同电子化向智能化转变
由流程驱动向数据驱动转化
功能模块
合同起草
合同签署
合同变更
合同关闭
合同执行查询
合同分析云图
⑦合同结算流程
收款流程
确认收款计划 监控合同执行进度
款项到账
收款认领
收款报账
相关领导审批
收款确认
记录存档
付款流程
确认付款计划 监控合同执行进度
整理付款申请材料
发起报账
业务领导审批
财务审核
完成付款
记录存档
⑧合同结算系统
定位
合同结算执行的统一管理平台
功能模块
合同收付款计划管理
合同执行查询
合同发票查询
合同预警
合同可视化报表展示
相关信息系统
合同管理系统
合同结算系统
费用报销系统
业务报账系统

财务云丛书

中兴新云 财务云
中国企业 全球梦想 Financial Cloud

数字化时代的控制矩阵

——预算&合同

孙彦丛 郭 奕 扶冰清 ◎ 著

中国财经出版传媒集团
中国财政经济出版社

图书在版编目（CIP）数据

数字化时代的控制矩阵 ：预算 & 合同 / 孙彦丛，郭奕，扶冰清著. --北京 ：中国财政经济出版社，2022.1（2022.8重印）

（财务云丛书）

ISBN 978-7-5223-1007-7

Ⅰ.①数… Ⅱ.①孙… ②郭… ③扶… Ⅲ.①财务管理系统 Ⅳ.①F232

中国版本图书馆 CIP 数据核字（2021）第 257657 号

责任编辑：马　真　　　　责任校对：张　凡
封面设计：智点创意　　　责任印制：党　辉

数字化时代的控制矩阵——预算 & 合同
SHUZIHUA SHIDAI DE KONGZHI JUZHEN
YUSUAN & HETONG

中国财政经济出版社 出版

URL：http：//www. cfeph. cn

E-mail：cfeph@ cfeph. cn

社址：北京市海淀区阜成路甲 28 号　邮政编码：100142

营销中心电话：010-88191522

天猫网店：中国财政经济出版社旗舰店

网址：https：//zgczjjcbs. tmall. com

北京中兴印刷有限公司印刷　各地新华书店经销

成品尺寸：170mm×240mm　16 开　12.25 印张　173 000 字

2022 年 1 月第 1 版　2022 年 8 月北京第 2 次印刷

定价：58.00 元

ISBN 978-7-5223-1007-7

（图书出现印装问题，本社负责调换，电话：010-88190548）

本社质量投诉电话：010-88190744

打击盗版举报热线：010-88191661　QQ：2242791300

《数字化时代的控制矩阵——预算 & 合同》课题组

主要成员：

孙彦丛　郭　奕　扶冰清

其他参与成员：

赵旖旎　禹　萌　李维初

韩蓉蓉　王怡琳　陈佳美

宋　佳　范雨菲　朱晓倩

序

技术进步一直驱动着企业的发展。20世纪40年代，世界上第一台计算机的诞生拉开了第三次产业革命的序幕。90年代，互联网拉近了企业内部各部门，以及和外部利益相关者之间的距离。如今，以“大智移云物区”为代表的新兴技术蓬勃发展，构建了一个紧密联结的数字化世界，深刻地影响着企业的业务创新、运营管理和经营策略。

在过去几十年间，财务同样经历了几次重大的变革。第一次革命是会计电算化的普及，会计电算化用小型数据库和简单计算机软件取代了部分人工核算工作，实现了财务传统计算能力和存储能力的巨大飞跃。第二次革命是ERP系统的广泛应用，促进了业务财务一体化，使业务管理与财务管理开始在一个平台上产生信息交互。第三次革命是财务共享服务中心的出现，促进财务实现组织转型、职能转型，并通过信息系统重构，使财务可以支撑和实现多地域、多行业发展的管理诉求。按照通信的术语来说，财务共享服务带来了企业管理的“交换机”和“路由器”，它将前端的业务系统分流程与财务系统连接起来，而“大智移云物区”等技术的出现，推动了财务第四次革命——财务的数字化转型。

财务本质上是一个信息循环，是收集、存储、加工财务数据的信息系统，并与企业主价值链建立广泛连接，从而支持业务循环和管理循环。财务信息化的本质是利用信息系统支撑财务职能及财务循环，承载财务九大流程（销售到收款、采购到支付、费用到报销、存货到成本、员工薪酬、总账到报表、固定资产、资金管理、税务管理），并通过与前端业务系统的联通对接，使数据可以在已有系统中“自如流动”。企业能采集的数据越来越多，处理能力越来越强大，财务发挥企业战略和经营“仪表盘”和“导航仪”的作用就越来越明显。因此，财务信息化是财务数字化转型的必然基础。

我和我的团队亲身经历和参与了中国会计事业的改革与发展。我们依靠自身力量在中国企业中最早完成财务转型，建立了中国企业第一个共享服务中心，第一个提出“财务云”的概念，率先将通信技术的理念融入财务系统，并根据技术发展不断升级迭代。一路走来，我们清晰地意识到，财务信息化是推动我国新一轮会计变革的起点，所以我们希望借助自身的经验帮助更多中国企业，帮助他们拥有世界级能力。在过去的十几年间，我们已为国内200余家大型企业提供适应市场环境和符合业务需求的财务共享服务、财务信息化和财务数字化方案。同时，我们也希望为中国财会行业进步与人才培养贡献力量，于是我们出版了《财务云丛书》，发表了近百篇重点文章和洞察报告，与国内各大高等院校、学术与教育机构建立了深入合作关系。

当然，培养新时代的会计人才，需要合适的方法和专业的“教材”。为此，我们规划了首批的五本专著，分别是《数字化时代的全员体验——费用报销系统》《数字化时代的财务中台——共享运营系统》《数字化时代的采集存储——电子影像 & 电子档案系统》《数字化时代的控制矩阵——预算 & 合同》和《数字化时代的业财一体——业务报账系统》。其内容依托中兴新云 FOL 财务云信息系统，采用“理论 + 实务”“流程 + 信息系统”的编写形式，用通俗易懂的语言，将财务工作流程和内容直观地呈现在读者面前，帮助读者了解业财一体化，快速搭建起财务与信息化的连接，建立起财务信息化的思维体系和知识底座，理解信息化建设对于数字化转型的关键价值，并促进财会行业人才发展迈上新台阶。

数字化浪潮已在眼前，这是对全社会生产生活方式的又一次革命，也是财务行业和财务人员面临的又一次变革。当变革来临，我们需要的是拥抱未知的勇气和敢为天下先的决心，用知识武装头脑，用经历丰富人生，用洞见破除困难，用信念面对挑战。财务人员不应该仅局限于处理“票账表钱税”，而应该是善于学习、勤于思考、能够破译企业价值密码的先行者，这才是财务最令人心向往之的未来。

中兴新云总裁　陈虎

2021 年 3 月

前　言

技术的进步引领时代的巨大变革，科学技术的每一次突破都是撬动人类社会进步的杠杆，科技对财务的改变亦是如此。科技革命伴随着财务的演变，科技与财务的融合重新定义了会计工作的价值与地位，新兴技术为会计工作模式转变带来了无限的发展空间。企业财务经历了自动化、智能化变革之后，积极寻求内部财务变革，将目光转移至数字化转型的赛道上。财务数字化转型是企业数字化转型的起点，也是最关键的环节。财务数字化拓展了财务数据的采集渠道，形成了数据可视化展示方案，帮助企业用数据去管理、决策和创新。

技术和信息系统是财务数字化转型的两大重要支撑。“大智移云物”、区块链等技术对财务变革的影响尤为显著，企业依靠这些新兴技术汇总数据，分析提炼，将结果以可视化的方式展现出来，使经营者透过现象看到本质。信息系统是技术的载体，新技术的应用需要通过信息系统得以实现，信息系统也需要依托新兴技术达成自身的更新换代。在数字化转型过程中，企业需要不断调整财务信息系统框架与具体系统功能，通过自主研发将新技术嵌入相应的系统中，使技术搭载系统实现更先进的功能。

中兴新云数十年来深耕财务咨询行业，从财务共享服务到财务智能化、数字化，中兴新云团队指导众多大型企业完成了财务转型，积累了大量行业经验，站在了财务变革领域的最前端。中兴新云将已有行业经验经过长期整合与沉淀，融合历史的实践与发展的眼光，结合数家大型企业的应用案例，编写了财务云系列丛书，致力于帮助更多中国企业完成财务数字化的转型与升级。

系列丛书以财务云信息系统平台为依托，将企业财务业务的核心内容划分为多个“域”，本次推出的五本丛书内容涵盖了费用报销域、共享运营域、影像档案域、财务控制域以及业务报账域。《数字化时代的全员体验——费用报销系统》以费用为基础，展示费用管理的审批流、会计流、内控流、资金流、数据流及其系统实现等内容；《数字化时代的财务中台——共享运营系统》涵盖运营系统及运营管理，指导企业应如何通过信息化技术运营和管理财务共享服务中心；《数字化时代的采集存储——电子影像 & 电子档案系统》主要展示了影像系统及档案系统的功能点及其应用场景，两系统分布于财务信息系统框架的前端与末端，筑起坚实的信息壁垒，使企业的各类财务及业务数据形成一个完整的、安全的闭环；《数字化时代的控制矩阵——预算 & 合同》体现了在数字化时代，企业可以从多个维度、多个流程节点使用不同系统实现有效的内部控制；《数字化时代的业财一体——业务报账系统》以销售、采购等不同业务为切入点，深入剖析了企业如何借助信息系统实现业财融合的变革目的。

本书以“预算管理”“合同管理”为关键词，详细阐述了预算管理系统、预算控制系统、合同管理系统、合同结算系统的功能及其应用，帮助企业构建富有价值的财务控制解决方案。

全书内容分为两篇，共 11 章。第一篇是预算管理与预算控制篇，主要围绕全面预算管理的内容展开介绍，第 1、2 章解释了预算管理与全面预算管理的概念，回答了企业为什么要进行全面预算管理，介绍了全面预算管理的流程。第 3 章讲解了预算管理系统的产生背景与功能定位，展示了与其对接的信息系统。第 4 章介绍了预算控制内容与预算控制动作，并详细介绍了预算控制矩阵的六大要素。第 5、6 章主要对预算控制系统进行了介绍，包括系统功能、对接的信息系统、系统配置与操作等内容，最后展示了预算分析云图。第二篇是合同管理与合同结算篇，第 7 章引入了合同与合同管理的基本概念，并详细阐述了合同全生命周期管理的主要内容与意义。第 8 章展示了合同管理的痛点及发展趋势，提出了合同管理系统的建设目标，并介绍了合同管理系统流程、功能应用及基本配置方法。第 9 章解释了合同结算的概念与流程，并深入剖析了合同结算与财务管理之间的关系。第 10 章基于合同结算管理痛点提出合同结算系统的建设目标，并介绍了合同结算系统流程、功能应用及基本配置与操作方法。第 11 章介绍了合同数据分析的流程，详细阐述了合同数据来源的三个方面，并以三类典型的合同分析云图为例展示合同数据分析结果。

本书聚焦企业经营管理中的财务控制环节，主要面向财务共享服务、财务信息化与数字化等相关领域的从业人员。本书以预算管理与合同管理为核心，深入解析了全面预算管理、预算控制矩阵、合同全生命周期管理等内容，将理论知识与系统实践相结合，帮助企业加强自身财务管理与控制，降低企业财务活动中的控制风险，提升管理效率和管理效果，打造数字化时代的财务控制矩阵。

目　　录

第一篇　预算管理与预算控制

第二篇 合同管理与合同结算

数字化时代的控制矩阵——预算&合同

第一篇

预算管理与预算控制

第 1 章　预算管理

学习目标

本章首先介绍了预算管理的含义，其次阐述了预算管理的发展历程，包含形成期、发展期、改进期和超越期四个阶段。

通过本章的学习，应掌握：

◇　预算管理的基本概念

◇　预算管理的发展历程

知识结构图（见图 1－1）

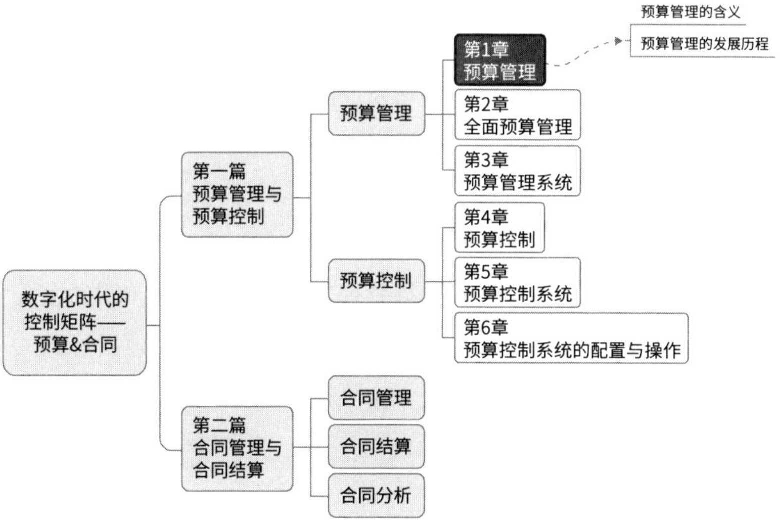

图 1－1　第 1 章框架导图

1.1 预算管理的含义

预算是一种系统方法，用来分配企业的财务、实物和人力方面的资源，以实现企业既定的战略目标。企业可以通过预算来监控战略目标的实施进度，有助于控制开支，并预测企业的现金流量与利润①。

美国著名管理学家戴维·奥利（David Otley）评价说，“预算管理是为数不多的能把组织的所有关键问题融合于一个体系之中的管理控制方法之一”②。预算管理是指企业在战略目标的指导下，对未来的经营活动和相应财务结果进行充分、全面的预测和筹划，并通过对执行过程的监控，将实际完成情况与预算目标不断对照和分析，从而及时指导经营活动的改善和调整，帮助管理者更加有效地管理企业和最大限度地实现战略目标。预算管理是现代企业整体框架中的重要组成部分，世界500强企业无一例外地把预算作为管理控制的工具和业绩评价的依据。

预算管理过程以战略规划为起点，进行预算编制、预算执行与控制、预算分析以及预算考核，形成了管理的闭环。预算管理是企业管理框架中的核心内容，在企业管理过程中发挥着重要的纽带作用，是衔接企业战略和绩效管理的重要管理工具。从企业发展战略的角度，预算管理必须服务于企业的战略目标和经营目标，并且根据企业经营计划来进行设计和运行；它是企业战略目标与业务规划的延伸，是具体化的战略规划，也是货币化的经营计划，通过数字形式预测企业在未来一定时期内的所有行动目标与计划。从绩效管理的角度，预算管理是企业资源分配和绩效计量的重要工具。它连接并支持企业的绩效管理，是部门关键绩效指标的主要来源。管理者可以依据预算计划，对于实际执行过程中的预算管理进行修正与优化。

---

① 安达信．全球最佳实务数据库［R］．安达信会计师事务所，2001.

② David Otley．Performance management：a framework for management control systems research［J］．Management Accounting Research，1999，10（4）：363－382.

1.2　预算管理的发展历程

预算管理对提升企业管理水平具有促进作用，纵观其发展阶段，预算管理的基本理论从形成期、发展期、改进期再到超越期，历经百余年的发展与演进，已日趋成熟（见图1－2）。

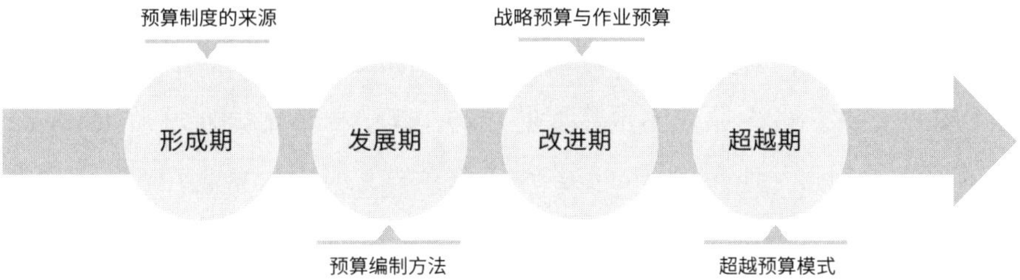

图1－2　预算管理的发展历程

1.2.1　预算管理的形成期

预算（Budget）一词源于法文Bougette，是指皮革制成的袋子或公文包。英国财政大臣有一种习惯，在提出下年度税收需求时，会在议员们面前打开公文包，展示其需求数字，因此财政大臣的公文包意指下一年度收入与支出的预算数。这就是预算制度的最初来源。

1215年，英国国王约翰（John Plantagenet）被迫签署了《大宪章》。《大宪章》中规定，“王国内非经一致同意，不可征收任何兵役免除税或救助金……”，这项规定限制了国王不能随意征税，如果征税则需要经过议会批准。议会掌握了征税控制权，并开始决定经费的用途。经过一段时间的发展，议会与行政机构就发展出了一种类似现代预算的财政计划，这一过程便是预算管理思想的萌芽。

预算首先在政府部门中运用，主要是以“国家预算”的形式服务于政府。13世纪以后，法国等国家相继开始将预算用于控制政府部门费用。18世纪，亚当·斯密（Adam Smith）在《国富论》中论述了国家税收原则和政府支出范围，被看作是从经济学角度对政府预算的最早研究①。19世纪末，美国企业首先将政府预算的方法应用在广告费分配上，目的是限制支出。1911年，泰勒（F. W. Taylor）创建了科学管理学说。科学管理学说把管理职能从企业生产职能中独立出来，并创建了标准成本制度，标准成本制度被看作是预算的雏形。

预算在从政府推广到企业之初，主要用于限制支出和控制产品成本。美国在第一次世界大战期间，迅速成为世界的主要工厂，大力发展了一批军事工业如化学工业、汽车工业等。同时美国政府还出台了一些法令和政策，鼓励这些工业企业采用预算管理方式，其中杜邦化学公司（Du Pont）和通用汽车公司（General Motors）率先将预算工具引入企业管理，将预算作为“公司未来规划和分配资源的信息来源”，以此来计划、协调企业的经营活动，产生了现代意义上的预算。由此，预算的功能由单纯的成本费用控制，扩展为对企业资源的预测、规划、协调和控制。

1922年，美国芝加哥大学教授麦金西（James O. McKinsey）出版了美国第一部系统论述企业预算理论的著作《预算控制论》（Budgetary Control），标志着预算管理理论开始形成②。

1.2.2 预算管理的发展期

在预算管理的发展时期，预算编制方法经过了不断创新。为了使企业在激烈的竞争中处于有利的地位，预算管理吸收了自20世纪初发展起来的一些管理工具的理论，协助企业解决在经营过程中如何提高生产效率和经济效益的问题。比如，弹性预算方法成为一种节约经费预算的手段而被普遍采用；盈亏平衡点分析理论的形成，使会计对经济活动的事后反映和分析逐渐转向事前的预测和决策。

维恩·刘易斯（Wayne Lewis）在1952年提出了“可选择的预算系统”的预算编制方法，这是“零基预算”概念的雏形，它最初被用于国

---

① 韩倩倩，潘爱玲．预算管理的理论演进与实践发展：综述及启示［J］．华东经济管理，2010，24（5）：149－152.

② 黄锦亮．企业预算管理的困境与对策研究［D］．财政部财政科学研究所，2012.

家预算。零基预算主要基于传统“增量预算”的弊端而产生，它与增量预算最大的不同是：零基预算不以现有费用水平为基础，而是如同新创办一个组织时一样，一切以零为起点，对每项费用开支的大小及必要性进行分析和审议，在综合平衡的基础上编制预算。美国的德克萨斯仪器公司率先采用了这一预算编制方法并取得成功。1967 年，德州仪器公司首先在其部属与研究部门试行零基预算，并逐年扩展到整个公司，彼时该公司正处于发展不景气的阶段，而在推行这一预算制度后公司情况好转，并大获成功。零基预算开始在美国的私营企业界广泛推广，随后，美国联邦政府决定在公共部门全面使用零基预算，佐治亚州成为美国第一个采用零基预算编制法的州政府。1979 年，卡特（Jimmy Carter）当选美国总统，在联邦政府全面推行按零基预算方式来编制公共部门预算，许多州政府纷纷效法，零基预算编制法在美国迅速传播开来。之后，世界其他一些国家的政府也陆续采用这种预算编制方法。

20 世纪 60 年代末 70 年代初，权变理论的发展对预算管理内容的丰富具有启发和实践意义。“权变”即权宜应变、因时制宜，随着具体情境和不同条件因素而变动。基于权变理论，在管理实践中没有一种对所有组织都普遍适用的预算管理方式，任何组织都应当根据自己内部情况和外部所处的环境选择最适合的预算管理方式，并随着内外部情况变化而做出相应调整。另一个对预算管理产生影响的学派是以赫伯特·西蒙（Herbert Simon）为代表的决策理论学派。西蒙认为，组织就是作为决策的个人所组成的系统；决策贯穿管理的全过程，而信息是决策的前提。让员工参与预算的编制过程，实质上也就是让员工参与企业生产经营的决策过程，企业管理者通过收集员工反馈的信息来不断调整经营策略。

1.2.3　预算管理的改进期

20 世纪 80 年代中期以后，西方社会开始不同程度地从工业经济时代向知识经济时代转变。工业时代的企业衡量与评价过去的业绩可以仅靠财务指标，当企业必须大量投资于客户、员工、技术和创新才能创造价值的时候，财务指标无法发挥指引和评价的作用。伴随着信息时代的到来和战略管理的兴起，企业财务管理强调的短期绩效同长远目标之间的矛盾越来越明显，许多公司不是没有战略，而是使命和愿景没有通过战略与实际操作衔接起来。

随着先进管理控制理念的发展，结合信息技术的应用，在以往的预算管理模式的基础上，出现了一些新的预算管理方法。20 世纪 90 年代，战略预算管理与作业预算管理概念的提出，标志着预算管理的发展进入改进期。

战略预算管理是基于平衡计分卡（Balanced Score Card，BSC）的管理体系。美国哈佛大学教授罗伯特·卡普兰（Robert Samuel Kaplan）、大卫·诺顿（David P. Norton）在原有预算的基础上，通过 BSC 将预算与战略连接起来，使预算适应新的环境。平衡计分卡采用了衡量未来业绩的驱动因素指标，弥补了财务指标仅衡量过去业绩的不足，它的目标和指标来源于企业的愿景和战略，这些目标和指标从四个层面来考察企业的业绩，具体包括财务、客户、内部业务流程、学习与成长。战略预算是由战略目标通过 BSC 决定业务目标，再由业务目标决定预算目标，BSC 在战略的制定和执行之间搭起了一座桥梁，帮助企业实现长远的战略目标。战略预算由此成为一个将关注重点从财务绩效转向战略实施的管理工具。

作业预算（Activity - Based Budget）是作业管理方法在预算管理上的应用。作业管理的精髓是通过对作业的分析评价，尽可能消除不增加价值的作业；对可能增加价值的作业，也力求提高其运作效率，最大限度地提高生产经营的效益。作业预算是对组织预期作业的数量表达，反映完成战略目标所需进行的各项工作及相应的各种财务、非财务资源需求，同时还反映为提高业绩所做的各种改进。作业预算的三个关键要素包括：将要做的工作类型、将要做的工作数量、将要做的工作成本。作业预算的基本原理就是根据要做的事情（即作业或业务流程）来编制预算，它不同于传统预算以成本元素为依据，为了确保预算满足顾客需求、组织及部门的目标和战略、业务流程、服务水平、效率等的变化，作业预算必须依据未来作业的工作量进行编制[①]。

1.2.4 预算管理的超越期

1998年1月，跨国型高新科技制造业联合会（CAM－I）在欧洲组建了“超越预算圆桌会议论坛（Beyond Budgeting Round Table，BBRT）”。BBRT对欧洲许多未采用预算管理及放弃预算管理的公司进行了大量实证研究，认为在社会高度信息化的背景下，必须寻求一种新的机制来替代传统预算管理，于是超越预算应运而生。

超越预算模式（Beyond Budgeting Model）是指通过提供一个新的管理模型来满足企业经营决策的需要，支持企业经营管理中目标设定、激励机制、行动计划、资源配置、组织协调以及控制等。超越预算模式鼓励企业放弃传统预算管理模式，使用其他一些工具或原则的集合来管理企业。该模式认为企业可以通过抓住两个机会来改进经营管理，第一个机会是企业可以建立适应性经营过程，具体是指在最初的准备工作中，要求管理层建立超越预算的视角，并在整个组织范围内达成共识；第二个机会是进行彻底的分权，将权力从中央转移到经营人员，给予经营人员充分的权力从而最大化发挥其能力，创造出一个表现优异的组织。

超越预算模式中预算主要是用作沟通和计划的工具。每年管理人员会照例编制、复查、修订、批准预算，并将实际业绩与预算进行比较，分析和解释预算执行差异。此时，预算并不被视为对预算执行者约束和评价的标准，预算目标没有达到并不意味着业绩不佳。随着经营环境和预测前提条件的改变，初始的预测和预算可以进行修改。

超越预算模式代表着组织管理控制的发展趋势，能够为组织带来更多的增值性，但并不是所有的企业都适合运用这一模式，超越预算模式意味着放弃传统的业绩管理框架，对诸多管理控制方法进行有效整合，在这一过程中会出现转化或整合成本，因此在决定是否运用这一管理控制模式时，需考虑两大影响因素：第一个影响因素也是最为重要的因素，是需要

---

① 现代管理领域知识更新工程教材编写委员会．现代管理公需教材［M］．北京：企业管理出版社，2008.

考虑组织目前预算程序的运行状况，低效和耗时的预算生成程序是采用超越预算模式的最大障碍，因为超越预算模式的核心是进行持续的滚动预测，通常由过去的预算计划程序来实施，而低效率的预算编制过程不能为超越预算提供一个良好基础；第二个影响因素是组织的经营特征，超越预算模式适合于经营环境变化快、产品经营范围广或增长迅速的企业，同时企业诸如高素质人员的数量、组织层级的多寡等内部因素也制约着该预算模式的应用。

本章小结

预算管理是指企业在战略目标的指导下，对未来的经营活动和相应财务结果进行充分、全面的预测和筹划，并通过对执行过程的监控，及时指导经营活动的改善和调整，帮助管理者更加有效地管理企业和最大限度地实现战略目标。预算管理从发展历程上来看，可以概括为形成期、发展期、改进期以及超越期，每个时期都有代表性的理论，例如形成期的科学管理学说、发展期的零基预算理论、改进期的战略预算与作业预算以及超越期的超越预算理论。

本章关键词

预算管理　预算制度　科学管理学说　零基预算　权变理论　战略预算　作业预算　平衡计分卡　超越预算

本章练习题

一、选择题

1. 下列选项中，属于通过预算进行分配的企业资源的有（　　）。

A. 财务资源　　B. 实物资源

C. 人力资源　　D. 账务

2. 下列选项中，关于预算管理内涵的描述说法正确的是（　　）。

A. 预算管理过程是以编制预算计划为起点的

B. 预算管理衔接了企业战略和绩效管理

C. 预算需要根据企业经营计划来进行设计和运行

D. 预算是企业资源分配和绩效计量的工具

3. 下列选项中，关于权变理论对预算管理的阐述，正确的是（　　）。

A. 组织内部的预算不受外部环境的影响

B. 存在一种适用所有组织的预算管理模式

C. 组织应当依据自身的情况选择适合自己的预算管理方式

D. 组织的预算管理工作要结合内部、外部的环境进行开展

4. 平衡计分卡是从（　　）维度对企业的业绩进行考察的。

A. 财务　　B. 客户

C. 内部业务流程　　D. 学习与成长

5. 超越预算模式认为企业可以通过抓住（　　）机会来改进企业的经营管理水平。

A. 建立适应性经营过程　　B. 频繁地滚动预测

C. 彻底的分权化　　D. 经营环境变化快

二、判断题

1. 从企业发展战略的角度，预算管理仅服务于企业的战略目标。（　　）

2. 预算从政府推广到企业之初，主要用于限制支出和控制产品成本。（　　）

3. 零基预算主要基于传统“增量预算”的弊端而产生，它与增量预算最大的不同在于零基预算不以现有费用水平为基础，一切以零为起点。（　　）

4. 作业预算必须以历史作业的工作量为基础，以过往经验为依据。（　　）

5. 超越预算模式是对传统预算管理的改进，目的是满足企业管理者决策的需要。 (　　)

三、思考题

1. 预算管理对于企业而言具有什么意义？

2. 根据预算管理的发展现状及经验，未来预算管理会有什么新的发展？

第 2 章　全面预算管理

学习目标

本章首先介绍了全面预算管理的基本概念，其次说明了全面预算管理体系的内容，最后阐述了全面预算管理的 PDCA 循环流程。

通过本章的学习，应掌握：

◇　全面预算管理的基本概念

◇　全面预算管理体系的内容

◇　全面预算管理的流程

知识结构图（见图 2－1）

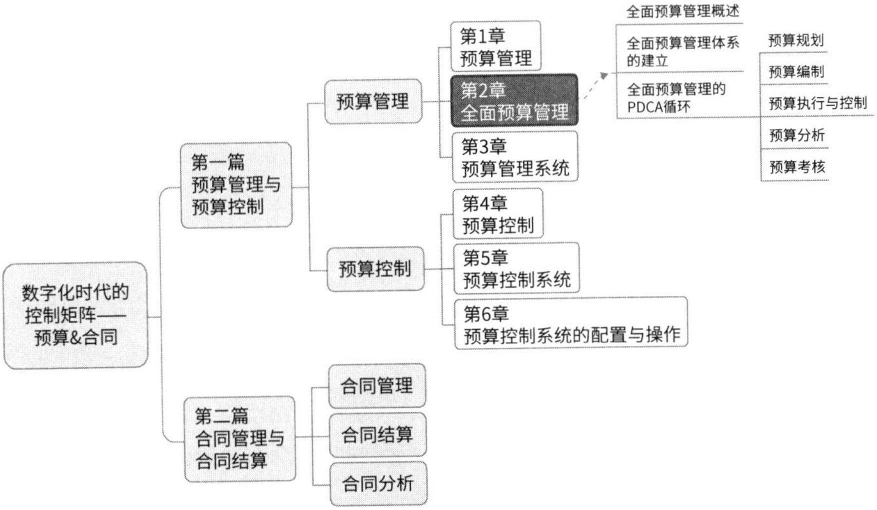

图 2－1　第 2 章框架导图

2.1 全面预算管理概述

全面预算管理区别于传统的预算管理，覆盖了企业的经营活动、投资活动、财务活动，其预算内容根据企业性质和行业的不同而有所区别，具体包括业务预算、成本预算、费用预算、投资预算、融资预算、现金流预算等。企业可以通过实施全面预算管理，落实战略规划目标，达到提高预算管理水平、降低经营成本的效果。

2.1.1 全面预算管理的背景

随着全球经济一体化进程不断加快、外部竞争愈加激烈以及信息技术的快速发展，企业现有的预算管理模式遇到了严峻的挑战。企业自身规模的迅速扩张，产生了分权化管理的需求，如何实现分权管理的同时又避免管理失控成为企业经营者必须面对的问题。与此同时，一些企业由于生产规模的扩张，出现了部门之间无法有效协调分配资源等问题。传统的预算管理模式已不能满足市场发展的需要，如何更好地提升工作效率、实现管理信息共享与数据动态调整、加强风险防范监控、实现资源高效配置等成为企业亟待解决的问题，这些问题迫使企业开始寻求能够及时预测市场变化、协调内部生产与外部需求的有效方法。在这样的背景下，企业纷纷开始实行全面预算管理（见图2－2）。

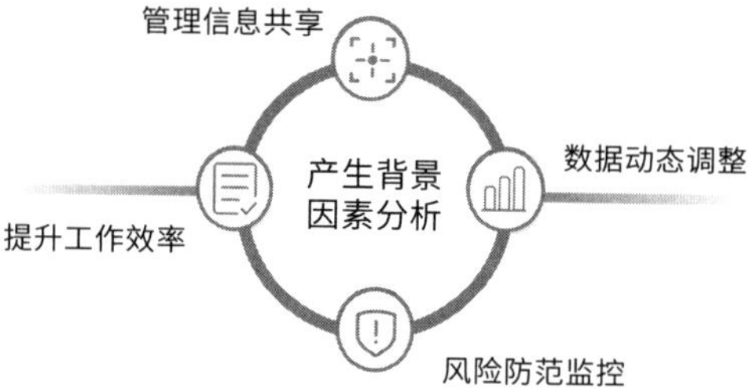

图2－2　企业实行全面预算管理的背景因素分析

全面预算管理作为一种优化资源配置、有效控制成本的现代化管理手段，经过理论演进与实践发展，在管理实践中具有不可替代的作用。全面预算管理相较于单纯的成本预算管理更能满足企业发展的需要，对于提高企业内部预算管理水平具有积极作用。同时，全面预算管理能够帮助企业提高内部管理水平，建立适应当前环境的全面预算管理制度，对企业增强核心竞争力发挥重要作用。

2.1.2　全面预算管理的内涵

全面预算管理是综合贯彻企业经营战略的管理机制，围绕集团及各公司发展战略，以经营计划为基础，以年度工作任务为目标，将企业目标以预算形式加以量化，对企业预算年度内各种资源和经营行为进行预期安排，使企业内部管理控制活动顺利实施。它超越了传统的财务预算管理范畴，将战略规划、经营计划、预算编制、分析报告与绩效管理通过目标体系紧密相连（见图2－3），是企业的业务流、资金流、信息流进行综合管理的重要工具①。

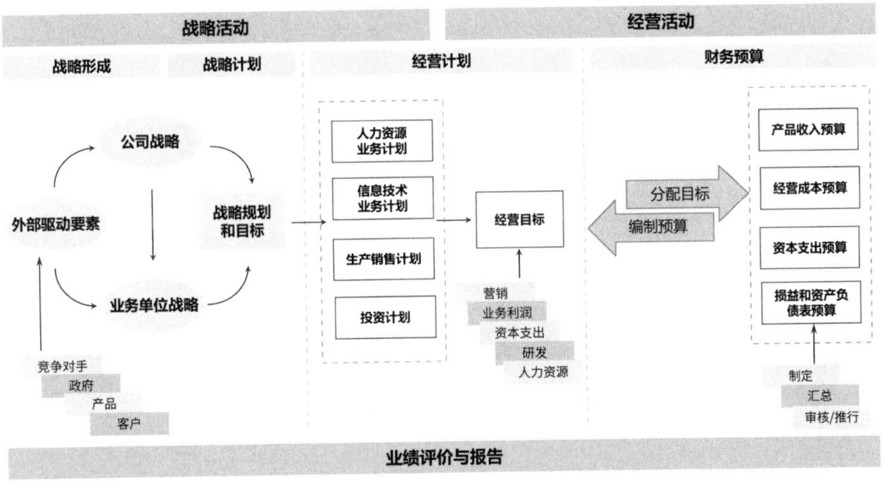

图2－3　全面预算管理价值链示意图

全面预算管理以业务预算、财务预算、资本支出预算、采购预算等为基础，建立生产、销售、人力资源、资产、筹资、投资、管理费用、财务

① 陈虎，孙彦丛．财务就是IT——企业财务信息系统［M］．北京：中国财政经济出版社，2017.

费用等多种预算，梳理各种预算间内在逻辑关系，满足企业精细化、集约化进而精益化的预算管理需求（见图2－4）。

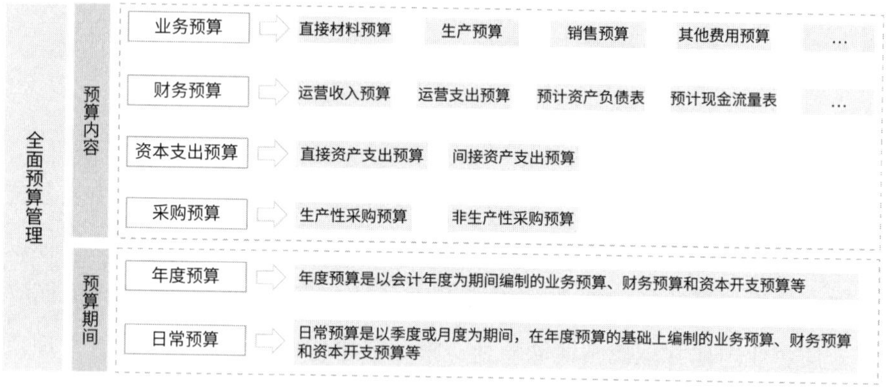

图2－4　全面预算管理的内容与预算期间

（1）预算内容

全面预算管理中的预算内容包括业务预算、财务预算、资本支出预算和采购预算等。

➢ 业务预算：是指以企业经营预算目标为基础编制的关于业务收入和业务费用的预算，即企业各项具有实质性基本活动的预算。例如，生产制造企业的业务预算主要包括直接材料预算、生产预算、销售预算、直接人工预算、工厂间接费预算、单位产品工厂成本预算，以及管理费用预算等。贸易企业的业务预算主要包括商品流通费中运杂费预算、保管费预算、包装费预算、利息预算、工资预算以及其他费用预算等。

➢ 财务预算：包含运营收入预算、运营支出预算以及预测其他业务收支、财务费用、营业外收支及所得税费用、资产增减、资金收付等，最终形成预计损益表、预计资产负债表和预计现金流量表。其中收入预算主要包括各项税收、国有资产经营收益、政府收费和其他收入等。企业的一般性收入预算主要是对未来的收入做的预算，是计划完成的收入额，包括经营收入预算、投资收入预算、其他收入预算等。

➢ 资本支出预算：是以业务发展预测为基础，通过测算新增生产能力与替代生产能力的需求，从而形成新建、扩建、改建等固定资产投资项目和零星固定资产购置的资本性支出预算，具体可以分为直接资产支出预算与间接资产支出预算。

➢ 采购预算：是指采购部门为配合企业年度销售预测或生产数量，对所需求的原料、物料、零件、劳务的数量及成本编制的预算计划，以帮助企业更好地实现整体目标及资源的合理配置。采购预算可以划分为生产性采购预算和非生产性采购预算。企业在编制采购预算时，应广泛收集采购物资的质量、价格等市场信息，掌握主要采购物资信息的变化，根据市场信息确定预算标准。

（2）预算期间

全面预算管理的预算期间可以分为年度预算和日常预算。年度预算是以会计年度为期间编制的业务预算、财务预算和资本支出预算。日常预算是以季度或月度为期间，在年度预算的基础上编制的业务预算、财务预算和资本支出预算。

2.1.3　全面预算管理的目标

预算管理的目标是全面预算管理的核心。全面预算管理通过目标设定，从战略分解、流程制度、预算管控以及分析考核等多个角度，对企业内部运营和管理活动进行充分协调，均衡权责利关系，保障组织体系的建设科学合理（见图 2－5）。

图 2－5　全面预算管理的四个目标

实现战略目标分解。战略分解是指将战略与预算管理相互衔接，依据业务部门及相关部门的年度经营计划，制定年度工作目标和资源配置方案。企业开展全面预算管理工作主要是以战略性管理为基础保障，从战略发展目标入手，以战略理念为主要引导，在对企业内外部环境分析的基础之上，通过采取相应有效的控制系统来完成企业的预算目标，最终实现企业的战略发展目标。

优化组织管理流程与制度。通过全面预算管理体制的分级建设，可以达到优化全面预算管理相关流程的目的。通过组织流程的再造与梳理，能够加强公司内部纵向与横向之间沟通，提高预算管理能力，深入贯彻全面预算管理理念。

加强预算管控。全面预算管理的目标是做好事前、事中的管控。在事前环节，通过提供经营预测的预算管理，保障年度经营目标可执行；在事中环节，通过提供资本性支出、费用完善的预算管理，保证实际支出不偏离预算计划。

构建预算分析考核体系。全面预算管理的目标是形成事后的评价机制。对不同业务条线配置专门的财务人员，完善预算管理报告体系，提高预算管理的分析能力，形成成本效益的预算管理事后评价机制。

2.1.4 全面预算管理的特点

全面预算管理的特点主要体现在“全面”二字，具体可以概括为“四全”：全员、全业务、全流程、全视角。

（1）全员

全员指的是企业自下而上、全体员工都要参与到预算管理活动中来。全面预算管理以企业总体发展目标为基础，涉及企业集团各项经营流程，因此需要全体工作人员共同参与到各项预算工作中。企业集团的各个部门，以全体工作人员为范围保障，通过开展财务等多项预算活动，渗入到每项经营管理活动中，实现预算管理范围从财务层面向业务层面扩展。

预算机制的良好运行需要企业全员的参与和支持，管理者对预算的参与与支持尤为重要。这就要求企业管理者在实施预算管理之前首先要进行预算管理的宣贯，使企业自上而下都了解预算管理，认识到实施预算管理的重要性。鼓励全员主动地参与，形成每位员工在预算管理中的权责利关系，保障预算机制良好运行。

（2）全业务

全业务指的是在预算管理中，要从资金的角度考虑预算管理的完整性，也就是说要包括所有涉及资金的活动，例如业务预算、资本预算、财务预算、采购预算等。在全面预算管理中要同时关注企业的经营活动、资本运营活动、成本控制活动等，对企业的各项活动进行合理的预测和安排，形成准确的财务预算，进一步统筹安排企业的有限资源，最终实现预算目标。

（3）全流程

全流程指的是全面预算管理应深入企业经营活动的每一个业务环节，贯穿企业的经营活动始终。全面预算管理要形成一个完整的流程，不仅需要覆盖企业所有的经营活动和资本运作，还应对企业的整个经营过程进行控制，从整体上把握企业经营活动的状况，并做出相应的调整。

（4）全视角

全视角指的是基于预算管理质量的全视角评价分析，围绕全面预算管理的条件、过程、结果以及效益进行展开（见图2－6）。

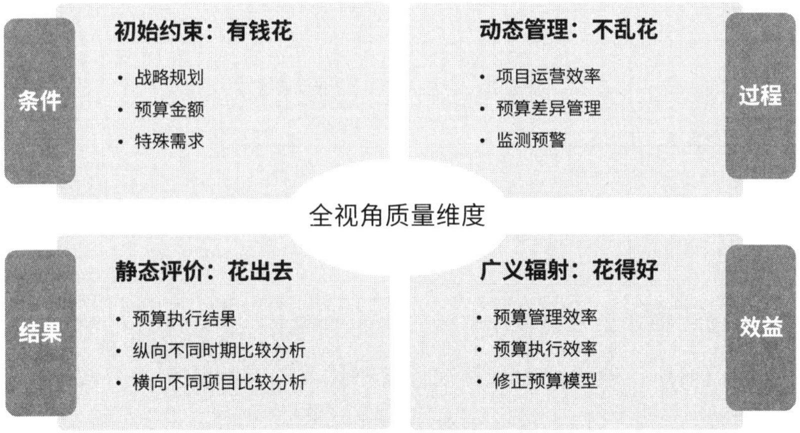

图2－6　预算管理的全视角维度

全面预算管理的初始条件约束是“有钱花”，是指依据战略规划以及预算金额对于企业的经营活动进行评估。预算执行过程中的动态管理目标是“不乱花”，主要考察项目运营的效率，对于预算差异进行监测与预警。预算管理结果的静态评价是要做到“花出去”，并对预算执行结果进行纵向不同时期、横向不同项目的比较分析。最后针对预算管理的效益的评价是“花得好”，同时确保预算管理效率以及预算执行效率的提高。

2.1.5 全面预算管理的价值

全面预算管理的落实和实施过程，是企业战略具体付诸实践的过程。企业通过编制预算，将战略规划和经营目标细化为各个部门、各个环节的具体工作目标和行动计划，从各方面确保企业战略目标和经营目标的实现，从而控制经营风险和财务风险。全面预算管理的价值体现在以下五个方面（见图 2－7）。

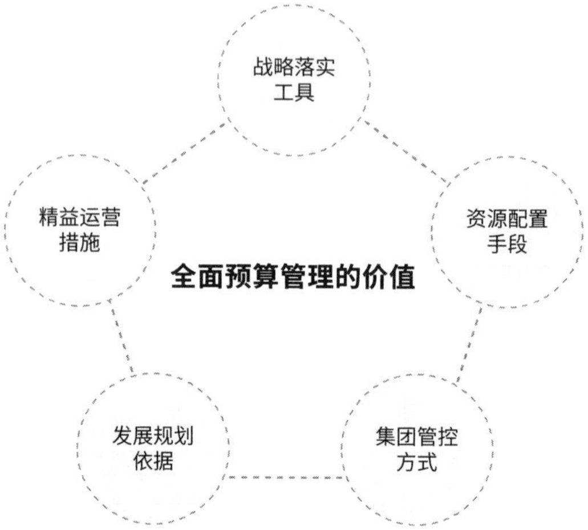

图 2－7 全面预算管理的价值

（1）战略落实工具

全面预算管理是实现企业整体战略的工具之一，以企业的整体战略为出发点和归宿点，通过全面预算规划将整体战略目标转化、分解、落实为企业的经营目标和各项工作，使各经营单位能够自下而上执行企业整体战略。另外，全面预算管理可以帮助企业洞察战略规划方案中不符合实际之处并加以修正，通过预算循环——发现不足——反馈——修正，周而复始，确保了企业战略的合理性，保证战略目标的实现。

（2）资源配置手段

全面预算管理的本质是资源配置的手段。要完成企业的各项职能和任务，实现企业价值最大化的目标，必须对企业各部门进行合理的资源分配。例如，为了完成生产任务，企业必须为生产部门配备生产设备、材料和人工；为了完成销售目标，企业必须安排适当的销售人员进行市场开拓，并配备相应的设备与场所；为了长远的战略部署，项目论证与开发投资也会占用大量的资源；此外，企业其他的职能部门为实现其部门目标，履行部门职能，也必须有相应的资源保障，以确保组织目标的实现。但是企业资源是有限的，因此企业必须按部门、职能等维度对资源进行合理划分，确保各项任务都有计划地完成并执行相应的考核。

（3）集团管控方式

全面预算管理是企业管理层进行事前、事中、事后监控的有效工具。通过寻找经营活动实际结果与预算规划之间的差距，可以迅速发现问题并及时采取相应的解决措施。根据预算分析结果，企业可以预警潜在风险点，并采取某项风险控制防范措施，从而达到规避与化解风险的目的；同时，企业还能通过预算过程控制以及绩效考核的管理闭环，对实际经营水平进行日常监控。

（4）发展规划依据

全面预算管理体现了企业对于未来生产经营活动的发展布局与规划。企业通过全面调查与分析，对资源进行合理的统筹与配置，从而降低企业生产经营成本、增加经营经济利润，继而最大限度提升企业的经济效益。同时企业管理者在全面预算管理的工作中，汇总各项活动预算执行的有效信息，并结合企业不同时期的要求进行合理的决策，确保当期经营目标能够达成，保证企业发展规划的相对稳定与不断修正。

（5）精益运营措施

全面预算管理可以有效强化企业内部治理水平。基于全面预算管理，企业可以进一步明确各部门之间的权责划分，使得部门内部人员的工作内容更加透明。全面预算管理还可以提升企业内部各项工作同步运行的协调性，实现企业内部各部门有效结合，提升各部门之间的协作性，提升员工工作的主动性和积极性，进一步实现企业最大经济效益的发展目标。

2.2 全面预算管理体系的建立

预算管理是一个系统工程，它以战略目标为导向贯穿于企业价值的每一个环节，协助企业解决“做什么”“怎么做”“需要什么资源做”“谁来做”“做好了如何评价”等关键性问题，促进企业管理水平的提升。

企业的全面预算管理体系，一般包括预算组织、预算流程与规范、预算模型与系统以及预算绩效考核等方面（见图2－8）。

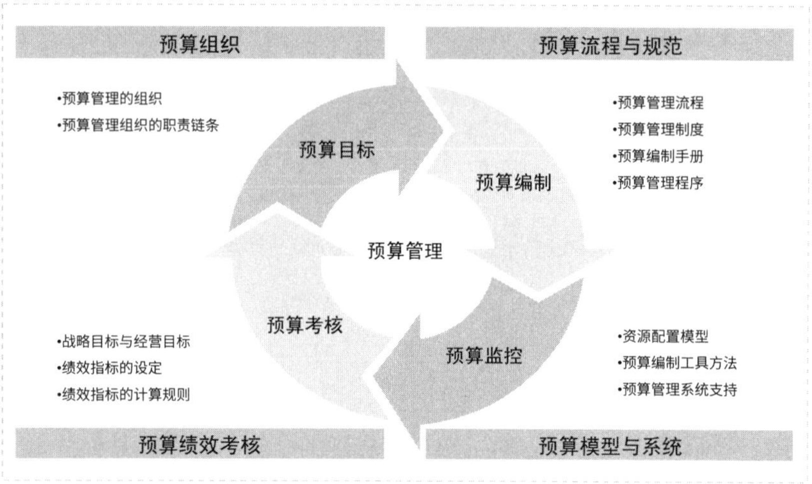

图2－8 全面预算管理体系

2.2.1 预算组织

完善的预算组织是预算管理高效运行的重要保障，预算组织效率的高低直接决定了预算工作的效率和质量。预算组织形式和企业自身的组织架构密切相关。

预算编制需要协调组织与各部门共同进行，企业在预算管理实践中，按自身的组织模式形成了金字塔形的预算组织架构，按照管理责任的细分，建立多级管理架构。一般来说，有效的预算管理组织架构通常包含三个层级，分别是决策层、管理层和执行层，三个层级职责清晰，通过规范的管理运作机制高效协同，使企业的预算管理要求真正执行落地

（见图 2 -9）。

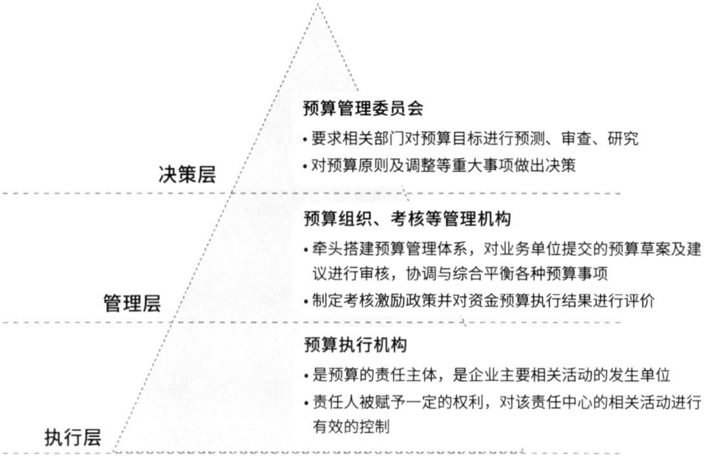

图 2 -9　预算管理组织结构

具体来看，预算管理组织结构的决策层负责预算管理及制度的建设，对预算原则及调整等重大事项做出决策，例如董事会、预算管理委员会。管理层的预算组织、考核等机构负责牵头搭建预算管理体系，组织预算编制及预算考核工作，他们对提交的预算草案及建议进行审核，协调与平衡各种预算事项，例如财务部；通过制定考核激励政策，对预算执行结果进行评价，例如人力资源部、运营管理部等。执行层的预算执行机构是预算的责任主体，也是企业主要业务活动的发生单位，负责对该责任中心的相关活动进行预算编制和执行，例如成本中心、利润中心、业务中心等。预算管理各级组织尽其职责、高效合作，有力推动企业预算管理有序进行。

2.2.2　预算管理流程与规范

预算管理流程与规范是预算管理有效性的保证，包括预算流程的确定、预算编制指导手册与预算管理程序文档的编制、预算管理规章制度的制定等。预算管理是将企业的资源进行充分利用，从而获得最佳利用效率的过程。全面预算管理通过流程、制度、规范进一步明确责任，建立预算管理程序，其中主要包括预算编制程序和预算执行控制程序。预算管理流程是上下反复协调的过程，不仅涉及面广，而且有先后次序及处理各部门之间关系的规定。预算程序流程、制度和规范的制定能够避免预算工作的混乱，保证较高的预算工作效率。

2.2.3 预算模型和系统工具

预算模型可以理解为资源配置模型，遵循“战略目标为导向，业务规划为指引，经营指标为输入，预期财务目标为约束，效率提升为要求”的原则，来支撑企业战略、业务规划以及当期经营。预算资源的配置不仅需要考虑能够带来当期收益的经营资金投入，还需要考虑能够为未来带来收益的战略资金投入。另外，预算管理需要信息系统的支撑来提升效率。企业预算管理涉及企业内外的各种经济现象，属于一种多因素、动态且复杂的管理环境。因此企业需要利用信息系统工具，从全局出发，综合分析企业组织与外部经济环境的适应关系，从而实现整体目标最优的预算管理。

2.2.4 预算绩效考核

预算考核是预算管理闭环的最后一个环节。如果没有预算考核会造成企业预算编制与执行相脱离，重编制、轻执行，使预算失去其应有的权威性和严肃性。预算考核与激励机制应当基于预算目标，每个考核主体指定明确的负责人，形成落实到人、权责匹配的预算考核体系。全面预算管理只有与薪酬、奖励、职业通道等激励机制相结合，才能发挥出组合拳的力量，更好地激发基层组织的经营活力。

2.3 全面预算管理的 PDCA 循环

全面预算管理是从企业战略出发，逐级分解企业战略目标，实现预算管理的事前编制、事中控制和事后分析考核，将企业目标和资源分配、最终绩效考核挂钩，形成一个端到端的管理闭环，从而促进企业战略目标的实现。全面预算管理的 PDCA 循环包括预算规划、预算编制、执行监控、跟踪分析、绩效考核五个环节（见图 2－10）。

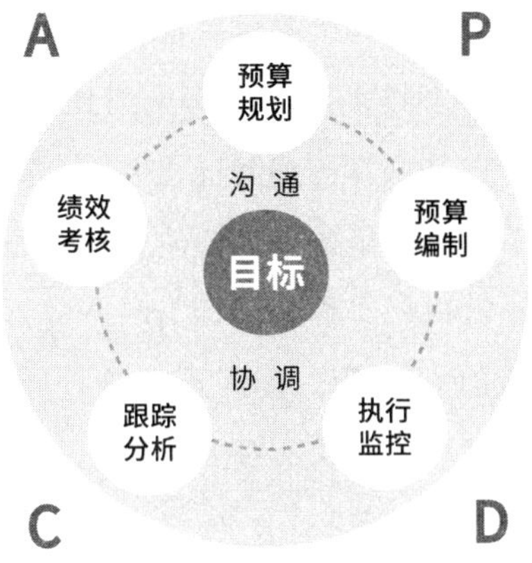

图2－10　全面预算管理的PDCA循环示意图

预算目标是全面预算管理PDCA循环的核心，预算的编制必须与预算目标相符，在执行与控制中要以预算目标为最根本的出发点进行监控分析，差异分析最终应解释预算目标的完成情况，并对影响因素提出改进建议，以保证年度预算目标的完成。预算的绩效考核是结合企业的考核政策，对各责任中心责任人的预算目标完成情况进行业绩评价与奖惩。

企业内部的全面预算管理过程依托PDCA循环建立，遵循着“预算规划→预算编制→预算执行与控制→预算跟踪分析→绩效考核与激励”这样一条清晰的脉络（见图2－11）。

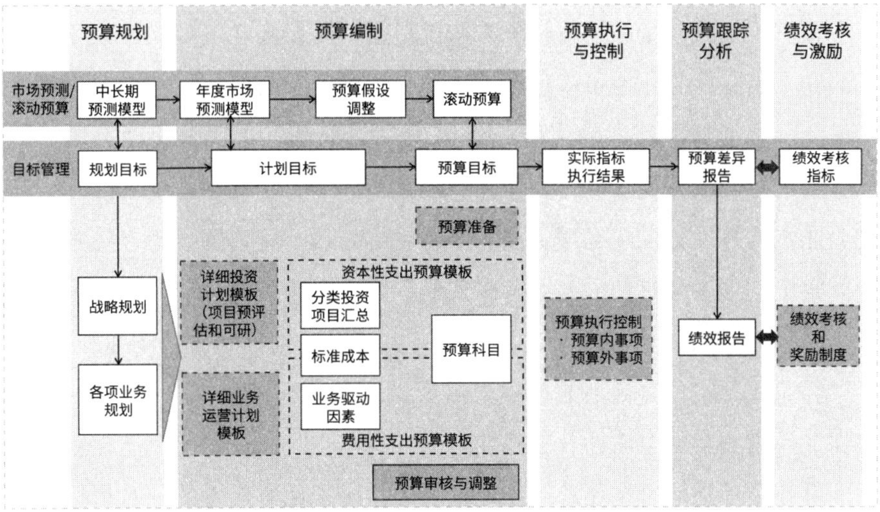

图2－11　全面预算管理过程示意图

全面预算管理过程有如下三个关键要素，一是全面预算管理是连接企业战略规划和执行的重要工具，是从预算规划到资源配置再到绩效考核，责权匹配的管理闭环；二是预算的编制过程经过企业不同管理层级的充分沟通、各个环节的动态平衡，是各责任单位紧扣业务环境，形成一系列预算文件的过程；三是预算执行过程的监控与动态分析，是预算顺利执行和企业快速反应的重要保证。因此，全面预算管理在企业管理中重要且复杂，需要循序渐进、不断积累经验、提升企业的预算管理水平。

2.3.1 预算规划

预算规划是谋划企业未来发展所需的预算以达到企业既定目标的过程。企业目标包括战略规划和业务计划两部分，因此预算规划的目标总体上包含落实战略规划和实施业务计划两部分。从战略规划的角度，企业根据商业环境和自身发展需求制定发展战略，预算规划将制定、执行预算同企业的战略结合起来。企业通过全面预算管理从各个层面了解自身发展情况，从而得到有关机遇和挑战的反馈，进一步调整发展策略，以期提高绩效水平。从业务计划的角度，战略规划逐级分解到各业务部门，由各部门参与编制预算，基于实际情况制定切实可行的业务计划，从而更有力地支持企业的战略目标。

预算规划能够帮助企业预测未来的机会、防范潜在的风险。规划虽然不能完全消除风险，但可以使组织成员了解组织本身的优缺点，发现潜在的机会、预警可能存在的风险，将损失降到最低。它从企业现有资源出发，制定短期能够充分支持企业发展的预算计划，切合企业发展实际，实现企业资源有效分配与运用。同时，预算规划是一种选择过程，在各种替代方案中，选择最有利的方案加以实施，实现企业效益的最大化。

（1）预算规划的参考指标

企业在制定预算规划的过程中需要同时考虑财务指标与非财务指标，来保证规划方案的全面性及准确性。

财务指标指的是企业总结和评价财务状况和经营成果的相对指标，是可以进行量化的指标。企业通常采用的三种财务指标分别是偿债能力指标、营运能力指标、盈利能力指标。偿债能力指标包括资产负债率、流动比率、速动比率等；营运能力指标包括应收账款周转率、存货周转率等；盈利能力指标包括资本金利润率、销售利润率、成本费用利润率等。

非财务指标指的是衡量企业的历史发展水平和环境资源的指标。历史水平包括历史最高水平、历史平均水平、行业最高水平、行业平均水平及国际同行业先进水平等。环境资源可以划分为内部环境资源和外部环境资源。企业内部环境资源衡量指标包括内部资源的利用能力、企业自身的管理能力、企业预算年度的资金融通能力等；企业外部环境资源衡量指标包括市场预测、经济政策预测及新技术预测等。这种将历史水平与外部、内部环境资源的非财务指标共同考虑，进而制定预算目标的方式，才能使预算目标制定得更贴近实际。

（2）预算规划的制定标准

企业向各责任中心下达的预算目标对预算管理具有指导作用，因此制定合理的预算目标十分重要。传统预算管理的预算目标只是经营目标，或是一些统计指标，这些统计指标无法代替预算规划。因此，全面预算管理体系下的预算规划应从五项标准入手，即SMART标准：

具体化（Specific）：预算规划是将企业战略发展计划分解细化的过程，它要求全面、细致，囊括业务范围的各个方面。

可度量（Measurable）：预算本身是数字化的计划，即每个目标都应有明确的可以客观计量的标准。

协商一致（Agreeable）：预算目标的确定是经由公司管理层、预算管理委员会、预算管理机构、预算执行机构等经过反复分析、研究、协商的结果。

现实性（Realistic）：预算目标的制定应具备实现的可能性，才能保证对执行者的激励和约束作用；

时间要求（Time－based）：具体化的预算目标往往包括许多阶段性的目标，必须有明确的时间要求。

（3）预算目标的分解与下达程序

企业是由众多利益相关者所组成的，预算是一种“权力共享下的适度分权”，预算目标的确定、分解、实施与业绩评价，关系到预算管理中每个部门或全体员工的利益。预算目标是企业战略发展目标在本预算期的具体体现，预算目标的准确性在很大程度上影响着预算管理的效果；战略目标应作为一种目标导向，引导年度预算目标的确定；年度预算目标则应强调可操作性，可以通过预算的编制与执行实现；财务计划与生产日程是依据年度预算目标，对每季度、每天的执行目标进行细分。

如图 2－12 所示，预算目标分解是指将长期目标分解成 3 至 5 年的中期目标，再分解为年度、季度目标，最后分解为每天的任务规划。预算目标下达是指预算目标从企业集团下达至责任中心，再下达至员工的过程。预算目标汇总是指员工、责任中心自下而上对预算目标的落实执行，能够保障企业集团目标的实现，即通过执行细分目标，最终汇总使长期目标得以实现。

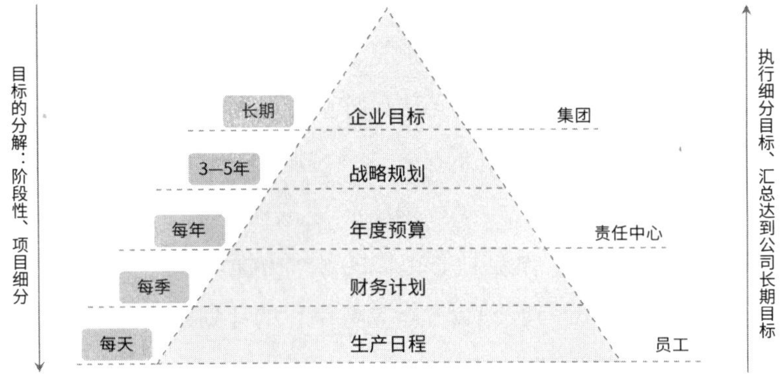

图 2－12　预算目标分解与下达

2.3.2　预算编制

预算编制是根据战略规划和发展目标，结合宏观政策和集团内部生产能力和管理要求，细化预算目标和责任，对集团各项业务及财务活动予以安排和量化的过程。通过自上而下和自下而上相结合的编制方式，使基层建议汇聚于集团，集团的决策部署在基层得到充分体现，更好地促进集团资源有效配置。

预算编制按不同的预算期间，分为年度、季度和月度预算进行编制。

预算年度分为公历年制和跨历年制。公历年制是从公历 1 月 1 日起至 12 月 31 日止；跨历年制是指从上一个公历年某月某日起，到下一公历年某月某日止，例如从 2021 年 4 月 1 日起至 2022 年 3 月 31 日止。季度和月度期间分解预算是为保证年度预算的有效执行而按季度、月度编制的执行预算。

（1）预算编制的基本原则

➢ 战略性：预算目标承接企业战略目标，与发展规划衔接。预算编制以企业的发展战略目标为编制原则，对资源进行合理分配，通过细化战略实施方案，对战略目标进行度量与执行。

➢ 全面性：凡是与企业的战略目标有关的业务、事项均应在预算中得以反应。企业在进行预算的编制时，应当把各方面与预算有关的业务都考虑在内，保证预算管理的完整和全面。

➢ 可行性：预算编制对各项经济业务的顺利进行具有不可或缺的作用，预算编制必须做到可以操作实施，并且可以量化。企业各部门需要谨慎、保守地分析所处的市场环境状况，从实际需求出发，确保自身的预算额度合理、有效。

➢ 一致性：企业在进行预算编制时，要建立统一的数据，并且要做好企业各项资源的规划与管理，确保所需数据采集、传递和分析的标准统一，保证各部门面对的数据是一致的。

➢ 调整性：当出现非人为因素的偏差时，例如所处地区政治局势动荡、发生不可估计的重大灾难等问题，会直接影响预算的执行效果，经有关部门讨论后，编制的预算可以进行适当的调整。但另一方面，预算编制应保持“年度刚性，季度弹性，月度弹性”，预算编制完成后，一经相关部门批准，不允许随意更改。

（2）预算编制的流程及内容

预算编制的流程主要包括预算编制准备、预算目标测算、预算目标下达及编制、预算汇总审核与平衡、预算的批准下达等步骤。

➢ 第一步：预算编制准备

在预算编制准备阶段，企业主要对预算编制模板、预算历史数、预算的前提假设等进行统一规划与确定，明确准备阶段的工作内容、参与部门和职责，为预算编制提供统一基础和口径。

预算前提假设是指对预算编制基础（包括外部的经济环境和政策、内部的生产能力和管理要求等）的量化估计与假设，是预算编制的前提条件，包括预算目标权重标准表、职工保险及公积金计提标准、固定资产折旧政策、股权资本成本率标准等内容。

企业明确各参与部门的具体职责是指对预算编制单位的责任进行界定，例如由战略发展部负责组织拟订年度总目标，由预算管理委员会、董事会进行目标审议，由运营管理部进行预算考核等。

➢ 第二步：预算目标测算

预算目标测算指的是对企业各业务条线自上而下进行预算目标设定，并进行汇总审核，对业务目标、财务目标和关键资源进行统筹协调的过程。

预算目标测算的内容包括资产总额、资产负债率、经济增加值、投资额、筹资额、营业总收入、利润总额、工资总额、外部市场利润占比等。

➢ 第三步：预算目标下达及编制

预算目标下达及编制是指预算目标自上而下逐级下达，并自下而上编制详细业务预算和财务预算的过程。

董事会审议年度预算总目标，预算管理委员会将预算总目标、预算编制时间节点和工作纪律等形成年度预算方案；预算组织机构将审议通过的年度预算方案下达至各级预算责任中心，进行预算目标分解及预算编制。

各级预算责任中心根据预算目标，结合年度预算编制方案，编制本单位年度预算编制报告初稿并逐级提交审核。

➢ 第四步：预算汇总审核与平衡

预算组织机构负责汇总各责任中心提交的预算编制报告，编制企业年度预算报告，协调与综合平衡各类预算事项后，提交预算管理委员会进行审核。董事会对经过预算管理委员会审议通过的预算报告进行审议。

➢ 第五步：预算的批准下达

年度预算审核通过后，预算组织机构需要将核定的计划或预算分送给企业各个部门，进而保障预算的顺利执行。各级预算责任中心按照最终审批通过后的正式年度预算报告及方案，执行年度预算工作。

2.3.3　预算执行与控制

预算执行与控制是根据审议通过的年度预算、年度调整预算和各类预算指标特性来检查和监督组织内各单位的活动，以保证组织经营目标的实现，并使相关支出受到严格有效约束的过程。

预算执行是经法定程序审查与批准的预算具体实施过程，是把预算由计划变为现实的具体实施步骤。预算执行工作是实现预算收支任务的关键，也是整个预算管理工作的中心环节。预算控制通过采取严格的控制程序，确保企业经营活动依照预算方案和授权体系执行，并及时进行预实对比，分析差异原因并追踪处理。企业应加强预算控制工作，当收支比例背离严重的时候，设定预警提示，迅速开启应急预案，及时控制经营损失。

预算执行与控制工作是企业财务会计内部控制工作的重要内容。为了确保实现对财务会计工作的全面监控，需要建立独立于财务部门的预算管理机构和审计部门，从第三方的角度对预算工作进行监控，以确保预算控制的独立性，提高企业的资金利用率。

预算管理的执行与控制工作主要分为三个阶段：

（1）第一阶段是事前控制，由预算执行部门依照执行方案开展经营管理活动，并对活动进行事前监督和控制，确保活动支出在预算范围内。一旦发现实际资金支出与预算发生较大出入或者偏差，需要及时上报并进行后续处理。

（2）第二阶段是事中控制，指预算执行部门在生产经营过程中，需要对企业经营管理活动进行监督，避免实际执行情况与预算情况相违背或者出现差异，因此需要对预算以及实际支出项目进行核算与比对。

（3）第三阶段是事后控制，指在经营管理活动结束之后，财务人员需要对整体的支出情况进行分析与反馈，一旦发现问题需要及时采取措施予以改正，一方面为后期预算管理工作的开展提供参考，另一方面能够提高企业内部会计控制工作的整体水平，促进企业经济的稳定发展。

执行与控制相辅相成，互相融合，不可分离。企业需要做好预算执行过程的监督管理，包括监督预算编制是否违反财务制度，计划支出项目是否合法合规，是否有超出审批权限批准预算情形发生等。由各责任主体定期出具预算执行报告，业务单位、财务部分别管辖相关执行与监控职责，对执行差异较大的预算项目提出改进建议和措施。如果发生偏离目标的行动，可以采取必要措施以导正行动，继续朝原定目标进行。

2.3.4 预算分析

预算分析是指企业对预算执行结果进行分析和判断，并据此调整经营管理措施，以确保年度预算目标实现的预算管理活动。企业应建立预算执行情况分析例会制度，及时对预算的执行情况进行分析，以确保预算目标的完成。预算执行情况分析会可分为季度预算分析会和年度预算分析会等。

除以上常规预算报告外，各预算责任中心对预算执行过程中出现的异常情况、严重影响年度预算目标完成的责任事故等重大事件，应编制专题报告，向预算管理委员会进行报告。

预算分析报告是企业内部管理分析的组成部分，其展现形式包括表格、图形及文字说明等，其内容应包含但不限于以下内容：

（1）预算执行情况分析

对业务单位的核心指标及关键运营数据的预算完成情况进行分析，通过对比实际执行数据与预算目标值，分析其实际完成情况，发现预算执行过程中的差异（差异额、差异幅度等），并分析其对预算目标的可能影响程度，为管理者提供重要的决策支撑。

（2）本期预算执行差异的原因分析

对预算执行差异进行深层次分析，尤其针对重大差异，应进一步挖掘内外部因素，追踪造成差异的外部经营环境、企业运营、预算执行、各项基础管理等方面的深层次原因，并落实预算责任。

（3）针对执行差异提出的改进措施及对策

根据预算执行差异的原因分析结果，提出调整、修正、改进差异的相关建议，并制定具体的行动方案、责任部门、完成期限等内容，以保证预算目标的达成，并为预算调整提供决策依据。

（4）上期预算差异改进措施的执行情况追踪

预算分析报告中应对上期预算差异的改进措施执行情况进行跟踪分析，确保预算分析结果和改进措施的落实。

（5）对未来经营情况的预测

在预算执行分析的基础上，结合市场、行业、发展前景等，针对业务单位预算目标及各类预算的完成态势进行趋势分析及预测。

（6）重点事项说明

除上述常规预算分析报告内容外，预算分析报告还应对预算期间内发生的重要经济活动和业务事项进行单独分析与说明。通常需要说明的重点事项包括国家政策和规定发生重大变化、企业组织变革、外部环境和市场需求环境发生重大变化、公司经营范围和业务种类发生重大变化、企业内部运营资源发生变化、资源临时增补或调整等。

2.3.5　预算考核

预算考核与公司绩效管理指标挂钩，是对预算执行中经营业绩、预算执行准确率、预算编报完整性等进行考核的过程。

企业首先要建立一系列的预算考核指标，以定量指标为主，定性指标为辅。在定量指标方面，通过实际执行与预算设定值的比较，判断预算目标的完成情况和预算编制的准确性；在定性指标方面，考核各级责任单元的预算组织行为，包括预算编制的正确性、及时性，预算执行的有效性和制度的遵守性等。

预算考核可以划分为预算目标考核和预算工作考核。

➢　预算目标考核：是主要针对经济指标完成情况的考核，对于年度考核还可以结合影响部门预算执行的非经济指标进行综合评价。预算目标考核应明确界定预算考核调整事项的范围、调整标准及考核口径。

➢　预算工作考核：是对预算管理工作质量的评价，通过考核评价，帮助各单位提高预算管理水平。主要考核内容包括：预算编制的及时性、准确性；预算分析的及时性、预算分析报告的完整性和建设性；预算内、预算外事项及预算调整事项执行程序的规范性等。

预算考核作为一种考核方式，补充并优化了各部门的考核体系。通过分析各部门的预算执行情况，进行相应的评定和考核，建立激励机制和惩罚机制，促进企业科学发展。预算考核可以避免浪费与无效率的产生。由于绩效考核的实施，各部门和员工将充分利用所分配的资源，因而起到降低资源浪费的作用。通过绩效评估及信息的有效反馈，方便管理者了解预算执行偏离既定目标的原因，根据问题所在对症下药，采取纠正行动，以利于目标的达成。

【延伸阅读】

预算管理与绩效考核的关系

预算管理与绩效考核的关系主要体现在以下四点：

（1）预算管理是绩效考核的基础。预算是战略目标与经营绩效之间的联系工具，科学的预算目标值可以成为绩效考核指标的比较标杆。在制定公司的关键绩效指标时，需要以预算管理目标为基础；绩效指标的目标值也应随预算的调整而进行调整。

（2）预算管理与绩效考核的目标一致。全面预算管理与绩效管理都是企业管理体系中的重要组成部分，预算管理与绩效考核本质都是为了实现企业的战略规划，提高企业内部管理水平。全面预算管理中将企业战略目标进行分解，使各部门对预算任务有具体的掌握，实现精细化以及量化管理，促进企业战略目标的有效实现。而绩效考核主要是利用逐级考核的方式对部门以及员工的绩效情况进行监督和管理，提高各部门以及员工的工作效率以及工作质量，对促进企业长远战略目标的实现有重要帮助。

（3）预算管理为绩效考核提供信息来源。在预算执行中，企业各部门完成任务的进度都要及时反馈，定期进行总结，具体量化预算执行情况。根据预算的实际执行结果去不断地修正、优化绩效考核体系，确保考核结果符合实际，真正发挥绩效管理的激励作用。

（4）预算管理与绩效考核相辅相成。预算的执行情况会纳入绩效管理体系，但单纯实现企业预算目标并不一定实现企业效益的最大化。例如某些部门可能为了完成当年预算目标，即使部门已经不需要采办物资，也要大肆采买，用完所有的预算额度，这样不仅造成了资源的浪费，还无法帮助企业实现最大化收益。因此，需要将预算考核与绩效考核相结合，不仅考察部门预算计划完成情况，还要关注预算计划的执行效率。这种观念的转变更注重综合绩效表现，同时也使预算流程更具真实性，两者相互配合、相辅相成对企业管理的正常运行发挥着重要的作用。

【案例】

X公司全面预算管理实践

X公司成立于1985年，是全球领先的综合通信信息解决方案提供商，拥有100多家分、子公司，规模超400亿元，员工人数80000余名，已于2005年在香港上市，经过多年累积与沉淀，X公司已发展成为中国最大的通信设备上市公司，目前为全球100多个国家（地区）的客户提供创新技术与产品解决方案。

（一）X公司预算管理实践历程

X公司的预算管理实践始于1985年，历经30余年的发展，可以划分为四个阶段。

第一阶段（1985—1999年），计划管理阶段。该阶段X公司采取的统收统支与集中管理方式，在当时规模较小并且高速扩张的情况下，是非常有效的资源配置方式。

第二阶段（1999—2001年），结算管理阶段。为了配合准事业部制的实施，落实经济责任，X公司对事业部实行结算管理，采用统一的结算基础与结算比例。但随着业务的发展，事业部之间的差异程度越来越大，采用统一的结算规则，已不能适应公司的差异化战略。

第三阶段（2002—2011年），全面预算管理的初级阶段。从2002年开始，X公司开始推行全面预算管理，但因在管理理念、配套措施、推行力度等方面还存在较大问题，致使在预算编制和执行过程中资源预算与经营指标出现脱节，没有形成真正的全面预算管理。

第四阶段（2012 年至今），全面预算管理的深化阶段。从 2012 年开始，X 公司改为推行经营结算制，基于收入/收款/毛利结算资源，配以战略统筹、盈余奖励等机制，转变各级单位的经营观念，将资源预算与经营指标完全挂钩，形成真正的全面预算管理。

纵观 X 公司的预算管理发展历程，各阶段的资源配置方法基本适应当时 X 公司的经营环境与管理要求，随着 X 公司精细化管理水平的提升，资源配置方式也逐渐深化与细化。

（二）X 公司全面预算管理组织构建

预算管理是 X 公司的管理控制链中的重要一环，它是 X 公司内部契约关系的贯彻和推行机制，是约束激励机制的支撑与保障，同时也是公司战略与日常经营的连接（见图 2－13）。

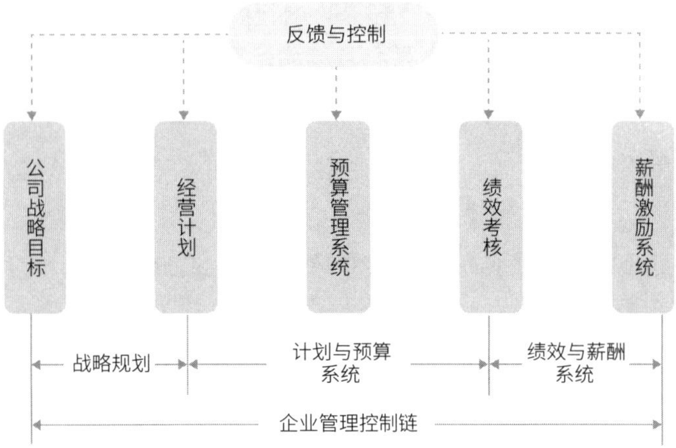

图 2－13　全面预算管理在 X 公司管理控制价值链中的定位

全面预算管理工作自开展以来，随着业务逐步向国际化与多样化发展，X 公司基于公司内部组织模式，逐步探索出适应自身发展需求的金字塔形预算管理组织架构，按照管理责任的细分，建立了“总部”“事业部/经营部”“基层经营/职能单位”的三级管理架构（见图 2－14）。

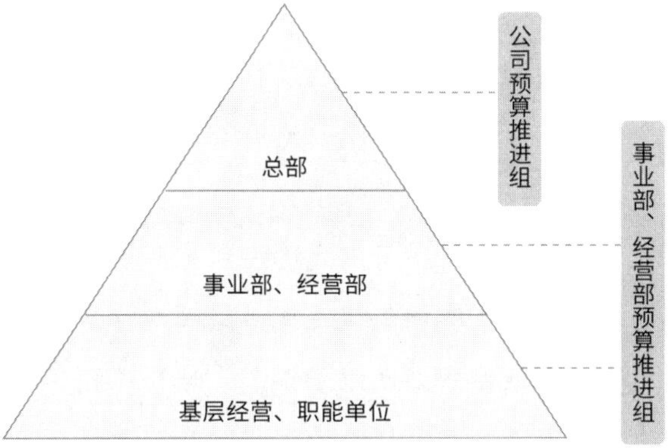

图 2－14　X 公司预算组织层次图

公司预算推进组主要负责设计公司预算管理的框架体系，包括预算管理委员会、责任体系负责人及统筹机构等机构。预算启动时，负责下发预算启动通知及审批后的预算案。此外，公司预算推进组还负责传达和监督落实预算管理委员会的重要指示，组织制定预算模板，汇编公司预算，按月提交公司预算执行报告。预算管理委员会在预算组织中处于最高层，负责确定战略目标、总体原则和要求；在涉及重大方案和调整事项时，预算管理委员会进行审阅与控制并作出决策。责任体系负责人及统筹机构负责贯彻和落实预算原则，审核责任单位提交的预算方案。

事业部、经营部预算推进组负责设计事业部、经营部内部的预算管理框架体系；公司预算推进组审批后的预算案，需要事业部、经营部预算推进组向各自组织下达。同时，推进组需要负责向事业部、经营部预算单位传达和督促落实公司经委会下达的重要指示；此外，还需负责组织制定预算模板、汇编预算、按月提交预算执行报告等工作。

（三）X 公司基于 PDCA 循环的预算管理体系

X 公司集团与各分、子公司全面预算管理均以 PDCA 循环为主线，通过目标规划、预算编制、执行控制、预算分析、考核评价形成完整的预算管理体系，其预算管理循环的各部分紧密相连，相互影响，支持着整个预算体系的正常运作。

（1）预算规划

预算规划是全面预算管理的起点，服务于企业整体目标，同时预算目标是企业经营目标或战略意图的体现，合理的预算目标可以引领企业价值的增长。X 公司过去在制定预算目标的过程中，通常以各部门历史预算目标为基础，结合市场环境变化进行粗略估计，欠缺一定的科学性与可行性。

全面预算管理模式下，X 公司以战略规划为导向，以经营指标为基础进行预算目标的规划，并定期组织实施战略回顾与评估，识别战略执行中新的机遇与挑战，完成战略规划的滚动调整。X 公司预算目标的确定，是一个自上而下、自下而上、往复修订的过程，具体包括公司制定与分配下达、责任单位反馈、公司与事业部复议及试算平衡、最终确定公司级和事业部级预算目标等环节，这是一个相对科学合理的流程，由此制定的预算目标同样也是集体智慧的结晶。

同时，X 公司在进行预算目标规划时关注市场环境和公司内部条件等因素的影响，重点分析研究经济形势及发展趋势、竞争对手的活动及发展动向、运营商需求及变化、产品更新等情况；平衡公司内部的主客观要素，充分发挥公司职能部门和各事业部的积极性，认真听取并考虑各部门的意见，发现管理过程中的薄弱环节，及时规划、调整预算目标。

（2）预算编制

预算编制是预算管理过程的重要环节之一。在实施全面预算管理之前，X 公司的预算编制工作起步早，结束晚，预算编制时间跨度长；编制过程中各业务单位与财务部门的协调沟通成本高。

全面预算管理模式下，X 公司预算编制以责任单位为编制主体，从事业部、中心办预算到公司预算，进而到外部报表，形成预算编制输出的完整体系。预算编制中各责任单位紧扣各个业务环节，形成战略规划、经营指标测算、资金预算、报表贯穿全程的预算编制过程。

➢ 编制原则

X 公司预算编制遵循“先责任主体，后法人主体”的原则。X 公司在预算编制过程中以责任主体作为核心编制主体，公司内部按业务职能及行政边界划分为多个责任主体，包括营销事业部、销售服务部、政企事业部、终端事业部、产品经营部等。集团法人主体的预算管理方式则分为紧密型管理和监控型管理两个层次，对于母公司、功能型子公司、软件类子公司等采用紧密型预算管理方式，列入公司预算管理范围内；对于其他纳入集团合并报表范围内独立运作的子公司，不列入公司预算范围内，采用监控型预算管理方式

➢　编制程序

X公司预算编制程序包括拟定目标、下达目标、预算编报、审议平衡、汇总报批、审议批准、下发执行七个环节。

➢　编制体系

X公司预算编制的主体是业务单位，其核心业务环节包括研发、营销、采购、生产、物流、服务和职能支持等，在预算编制实践中，X公司将预算编制流程和业务规划流程有机结合，形成了业务驱动的预算编制体系，更符合经营管理需求，保障了业务规划与资源配置的紧密结合，预算编制内容更为务实和稳健。

在具体编制预算时，责任单位首先分析业务过程所对应的业务动因，基于这些业务动因，对该业务环节进行经营预测，并分析它的资源配置情况；对于具体的责任单位来说，预算编制也就是对其与经营相关的业务环节进行经营预测和资源配置的过程；责任单位将各环节的经营预测和资源配置情况汇总，形成各责任单位的预算；在此基础上对净利润和现金周转进行预测，形成完整的责任单位预算输出。

➢　多级平衡观念

X公司的预算编制是多级、多次进行平衡的过程。在对各责任主体进行资源的分配时，要根据各种相关因素不断地权衡、修订、往复，实现最终平衡。

X公司提出了以KPI为核心的多级平衡观念，对核心经营指标会设定相应的目标值并定义为KPI。KPI存在一个自上而下的下达过程，以及在预算申报时，业务单位逐级向上申报的自下而上的过程，在这种交互中，形成了每一层级的平衡。这种平衡体制保障了目标的严肃性、资源分配的合理性；保证公司对业务单位的投入产出基本满意，也使业务单位对目标完成更有信心。

(3) 执行控制

预算执行中严密的过程控制措施，是预算顺利执行和企业快速反应的重要保证。X 公司过往预算执行过程中，存在资金使用无控制、无节约现象，支出随意性大，既造成资源损失浪费，又滋生腐化风气。

全面预算管理模式下，X 公司遵循“发展战略为指引、经营目标为源头、预期财务结果为约束条件”的基本方针，形成以战略投资、借款、业绩回顾、业绩预警为补充的执行控制过程。公司预算控制以经营指标滚动预测为基础、季度滚动预算为核心、月资金计划为日常直接控制依据、季度经营业绩回顾和业绩预警机制为重要辅助控制手段，建立了公司、事业部及中心办两级预算过程控制体系。通过滚动预算和调整，保证公司资源随着经营业绩情况进行灵活配置，克服传统预算方式在应对市场变化时的缺陷。此外，X 公司通过回顾业绩，可以及时对预算执行和经营行为进行修正，为公司决策层提供特殊时期的业绩预警。

(4) 预算分析

预算分析是进行各种预算决策的基础，也是进行预算执行调控的前提。实施全面预算管理之前，X 公司对于预算的指标分析主要集中于财务指标的分析，过于重视财务指标造成了部门之间相互不协作、只顾完成部门内部预算指标的问题。

全面预算管理模式下，X 公司的预算分析体系从财务评价和非财务评价两个方面展开，重点关注净利润与现金周转相关方面的分析，形成了以对外财务报表为主线，内部管理报表为补充的报表体系。

X 公司财务业绩评价是以财务指标作为核心评价内容的业绩评价体系，采用了增长规模、投资回报指数、风险控制等类型的财务指标；非财务业绩评价则从更多角度对财务指标进行重要补充，对无法以财务指标量化衡量的业务行为进行评价，修正了因过于重视财务指标而引起的短视与不协作等行为。

X 公司的预算报表体系在主要思路上和传统预算管理报表体系相同，以预计资产负债表、损益表、现金流量表为分析评价的主要标准，以内部管理报表作为报表体系的深化和补充，保证业务单位的经营目标与公司目标一致，实现公司对股东的承诺。

（5）考核评价

预算考核评价的作用在于向公司管理层及时提供准确的绩效表现信息，以督促和确保各责任主体与公司的整体战略目标保持一致。以往，X公司预算考核评价未建立明确预算考核的绩效指标，仅以预算目标作为考核部门与员工的预算工作完成情况，员工的积极性无法得到激励。

全面预算管理模式下，X公司构建了基于关键指标管理（KPI）和平衡计分卡（BSC）办法的业绩考核体系。例如，X公司对营销事业部主要考核品牌销量结构比率、现金回款率、各项可控费用指标、市场份额、客户留存率等指标；对生产部门主要考核产量完成率、各项物料消耗指标、设备运行效率等指标。除此之外每个职能部门都有财务和非财务考核指标，总体上综合KPI和BSC，并结合相对标准（相对竞争对手、相对历史业绩）进行考核。预算考核规则简单，可传递到每一个人；考核评价过程透明，信息实时可查；考核评价结果可预测，清晰引导行为。

此外，在考核导向上，X公司贯彻“争收减支”的企业文化，设置了竞争超越奖、特别贡献奖等奖项，鼓励经营单位超越预算目标，并且在资源配置上予以支持。

（四）X公司全面预算管理的应用效果

（1）实现管理闭环，推动战略目标有效落地

X公司通过实施全面预算管理，实现了战略规划—经营计划—预算编制—执行监控—预算分析—考核评价的闭环管理，保障预算管理成为落实公司发展战略的有效工具，促进管理者、各部门、各员工的目标和行动的协同，减少了相互间的冲突与矛盾，推动公司战略目标的实现。

（2）服务经营过程，提升公司整体经济效益

X公司的全面预算管理是企业管理体系中的重要工具，服务于公司的日常经营过程，是一种全方位、全过程、全员参与编制和实施的管理模式。这种自上而下的全面预算管理体系能够对分散经营的各责任主体进行统一管理，提高资源配置科学性与有效性，实现资源价值最大化，将有限的资源投入到更有价值的工作中去，提高公司运行效率，提升公司整体的经济效益。

（3）构建考核机制，发挥预算管理的激励作用

X 公司的全面预算管理模式实现了绩效考核与预算管理的紧密结合，通过构建预算考核机制发挥激励作用以提高各责任主体预算管理效率。X 公司对不同的职能部门建立了预算考核评价机制，将量化指标与非量化指标相结合、将激励机制与绩效指标相关联进行评价，并通过设置指标权重，确定部门预算管理的最终绩效，激励先进、惩罚落后，在预算执行监督和预算考核的共同作用下，可以约束并激励各责任主体的预算行为，提高员工的工作积极性和热情，提升公司的预算管理水平与核心竞争力，最终形成多赢局面。

本章小结

全面预算管理超越了传统的财务预算管理范畴，是将战略规划、经营计划、预算编制、分析报告与绩效管理通过目标体系紧密相连、协调一致的管理过程。企业的全面预算管理体系，一般包括预算的组织、预算管理流程与管理规范、预算模型及系统工具以及关键绩效指标体系等方面。全面预算管理遵循 PDCA 的循环过程，包括预算规划、预算编制、执行监控、跟踪分析、绩效考核五个环节。

本章关键词

全面预算管理　全员　全业务　全流程　全视角　预算规划　预算编制　预算执行　预算控制　预算分析　预算考核

本章练习题

一、选择题

1. 下列选项中，属于全面预算管理中预算内容的有（　　）。

A. 业务预算　　B. 财务预算

C. 采购预算　　D. 资本支出预算

2. 下列选项中，能体现全面预算管理的“全面”特点的有（　　）。

A. 全业务　　B. 全员

C. 全流程　　D. 全类别

3. 下列选项中，属于全面预算管理目标的有（　　）。

A. 提高预算额度　　B. 加强预算管控

C. 优化流程制度　　D. 支持运营管理

4. 下列选项中，预算规划制定时应考虑的非财务指标包括（　　）。

A. 历史发展水平　　B. 市场份额

C. 环境资源　　D. 工作完成率

5. 下列选项中，属于预算工作考核范畴的是（　　）。

A. 经济指标完成情况　　B. 预算编制是否及时、准确

C. 预算分析报告的完整性　　D. 预算执行程序的规范性

二、判断题

1. 全面预算管理超越了传统的财务预算管理范畴，是衔接公司战略和绩效考核的重要管理工具。（　　）

2. 预算管理工作是在组织间进行的，预算组织形式和企业自身的组织架构无关，企业可以任意设置预算组织。（　　）

3. 基于全面预算管理的 PDCA 循环，预算规划是全面预算管理的核心。（　　）

4. 除常规预算报告外，各预算责任中心对预算执行过程中出现的异常情况、严重影响年度预算目标完成的责任事故等重大事件，应编制专题报告。（　　）

5. 预算管理与绩效考核两者相互配合、相辅相成对企业日常经营管理具有重要的作用。（　　）

三、思考题

1. 全面预算管理与传统预算管理有什么区别？

2. 全面预算管理的 PDCA 循环包含哪些内容？

第 3 章　预算管理系统

学习目标

本章首先介绍了预算管理系统的基本概念，其次阐述了预算管理系统的功能、对接的信息系统以及应用价值。

通过本章的学习，应掌握：

◇　预算管理系统的基本概念

◇　预算管理系统的功能及价值

知识结构图（见图 3－1）

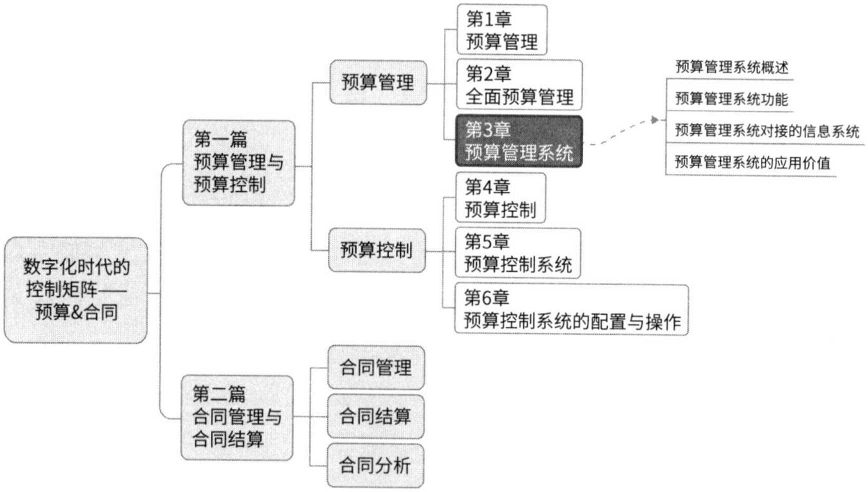

图 3－1　第 3 章框架导图

3.1　预算管理系统概述

预算管理系统是针对企业尤其是大型企业集团预算管理的统一技术平台。预算管理系统能够满足企业的全面预算管理需求，并能随着企业需求的变化不断更新迭代，帮助企业建立、完善、优化预算管理体制，全面提升管理水平。

3.1.1　预算管理系统产生背景

企业传统预算管理主要采用手工编制、电子表格编制等方式进行预算编制，编制过程数据量大、编制难度高，导致实际的预算执行与控制难以推进。从信息化的角度来看，传统预算管理的痛点具体表现在以下几个方面：

（1）预算编制效率低下

预算编制涉及的内容广、部门多、预算指标之间的勾稽关系复杂，多层信息传递之后，企业在预算编制过程中常陷于烦琐的计算、统计之中，导致预算编制时间过长，且浪费大量的人力、物力，造成预算成果不理想。

（2）预算编制质量低

一方面，手工预算编制的准确性不够，造成集团频繁进行预算调整；另一方面，部门对预算编制重视不足，编制工作缺乏细致的测算过程，导致预算编制的科学化、精细化程度不高，与实际执行需求存在一定差异。

（3）预算监管效果不佳

企业缺乏有效的信息化手段对预算流程进行监管，预算内容的调整比较随意，导致预算丧失了约束和控制的基本功能。企业在预算编制、执行、控制、分析等环节缺乏真实且完整的数据，无法掌握重要事项的执行偏差，容易错过调整业务的最佳时机。

（4）预算分析体系不完善

传统预算分析过程中，无法对动态预算执行情况进行分析，或者分析出的预算信息质量较差，不能为管理决策提供辅助支持作用。

预算管理系统的应用，从信息化角度解决了传统预算管理的痛点，为企业预算管理全过程提供支持，满足企业全员参与过程管理的需求，具备强大的数据管理能力，保证信息的时效性、实现动态分析，从而为企业的科学决策提供支持。

3.1.2 预算管理系统定位

企业的财务信息系统可以分为四个层面，分别是业务层、核算层、管理层和决策层。财务信息系统体系架构如图 3 –2 所示。

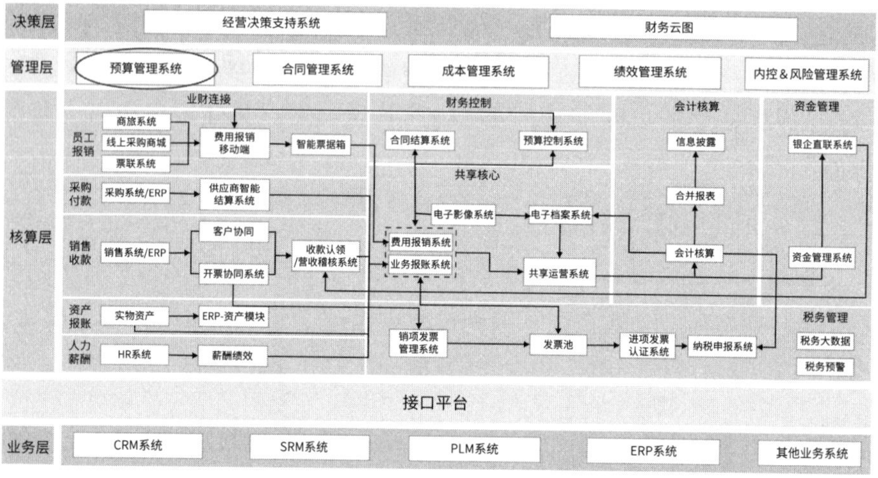

图 3 –2　财务信息系统体系架构

（1）决策层信息系统

决策层信息系统属于支持管理决策的财务信息系统，为管理者提供交互式的决策支持。

（2）管理层信息系统

管理层信息系统包括企业从战略到经营计划、预算管理、过程成本管理、绩效管理以及企业风险控制管理的相关信息系统，其与企业的经营过程及管理要求密切相关，数据来源于核算层信息系统，经过进一步加工和处理，为企业管理提供财务信息。管理层包含的系统有预算管理系统、合同管理系统、成本管理系统、绩效管理系统等。

（3）核算层信息系统

核算层信息系统支持财务会计交易处理、财务报告、资金管理、税务管理的职能，主要处理来源于企业业务系统与用于财务交易处理的数据，可以提供多种供企业内、外部使用的财务报告和财务信息。

核算层信息系统也称作财务云平台，财务云平台主要包括业财连接、财务控制、共享核心、会计核算、资金管理和税务管理六大模块，各模块中的信息系统通过接口互通互联，以确保业务全流程线上流转。

（4）业务层信息系统

业务层信息系统覆盖企业的主价值链流程，支撑企业的业务发展，主要为业务人员所使用，但业务系统在设计时也需要充分考虑财务需求，将财务所需数据和信息的采集节点都放在业务前端，在业务人员进行业务处理的过程中，产生的数据和信息传递至财务信息系统。业务层信息系统包括 CRM 系统（Customer Relationship Management System，简称 CRM 系统，客户关系管理系统）、SRM 系统（Supplier Relationship Management System，简称 SRM 系统，供应商关系管理系统）等。

预算管理系统处于企业财务信息系统架构中的管理层，作为企业预算规划、预算编制、预算执行与控制、预算分析及预算考核的统一数据平台，为整个组织共同参与预算管理过程创造了条件，大大提高了企业预算管理的效率，促进了战略目标的实现。

3.2　预算管理系统功能

预算管理在企业的管理过程中重要且复杂，企业需要一个在功能上覆盖预算管理循环的预算管理信息系统，来全方位支撑预算管理工作，提升预算管理的效率。

预算管理系统是实施预算管理的技术支撑平台，它在应用过程中实现了预算体系建立、预算编制、预算控制、预算调整、预算分析及预算考核评价全过程的管理（见图 3-3）。预算管理系统与其他财务信息系统紧密结合，为企业预算管理的事前计划、事中控制、事后分析提供了有效的工具，充分体现了预算管理在财务管理中的重要地位。

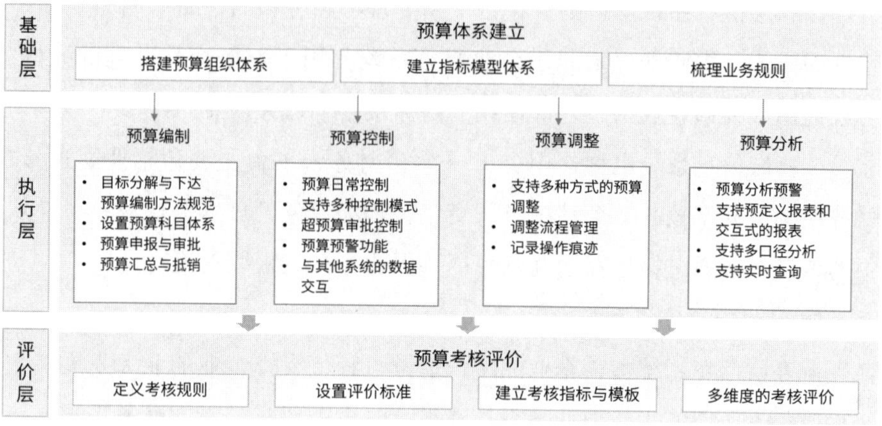

图 3－3　预算管理系统功能框架

3.2.1　预算体系建立

预算体系是预算管理得以有效执行的基础和保证，预算体系的建立包括搭建预算组织体系、建立预算指标模型体系、梳理业务规则。

（1）预算组织体系搭建

企业可以根据自身组织架构进行灵活设置，系统满足各分支机构的系统功能和用户管理，支持对不同预算编制和审批流程的灵活设置。

（2）预算指标模型建立

系统支持对集团、分子公司的综合指标体系的设置；支持指标计算规则的灵活设置与定义。预算管理系统将预算目标确定与分解的财务模型和敏感性分析模型固化在系统中，通过系统自动计算，快速生成多组预算目标选择组合；支持预算目标自上而下、自下而上和上下结合的多种控制模式；通过建立预算分析和评价相关的指标模型，实现自动计算和输出报表。

（3）业务规则定义

在系统中预先配置预算管理过程中的业务规则，包括预算编制规则、目标分解规则、预算指标下达和汇总规则、预算分析和绩效评价规则等，系统支持个性化定义和规则的灵活调整，自动根据内置规则进行运算和报

数字化时代的控制矩阵——预算&合同

表输出。

3.2.2　预算编制

预算编制涉及企业全业务逻辑，包括销售、生产、采购、固定资产、财务、费用、成本计算等。预算管理系统的预算模型可适应不断变化的管理需求和业务逻辑。

全面预算管理要求各业务单位广泛参与，各单位按照分工的不同，各自处理相应的数据，系统具有完善的权限管理功能，能够设定数据权限，保证企业的数据安全。具体的系统功能如下：

➢　目标分解及下达：预算编制始于预算目标的确定，预算管理系统提供了预算目标测算模型，可根据预设的分解规则，将预算目标分解并下达给企业的各个责任中心（见图3－4），这个过程通常需要经过自上而下、自下而上的多次沟通，才能完成预算编制，最终企业各责任中心对于预算目标的设定达成一致。

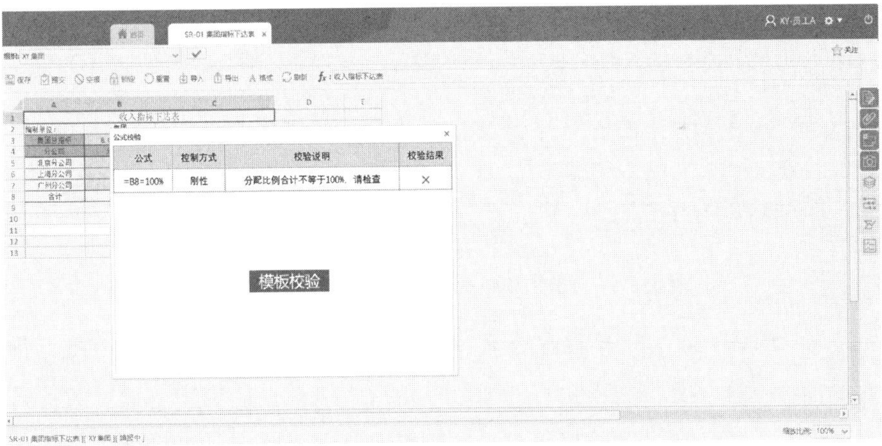

图3－4　预算目标分解下达（系统示例）

➢　预算编制方法：根据企业不同的管理需求和业务场景，预算管理系统支持采用弹性预算、滚动预算等多种常用的预算编制方法；系统支持由上而下的预算下达和自下而上的预算编制过程，实现按照单位、部门、项目等多种口径汇总预算，并按需要生成预算的明细和汇总表；根据预算编制的内在业务逻辑和编制表格体系，配置相应的系统规则，结合智能化的计算方法，实现预算编制过程标准化，保证预算数据的统一性，提高预算编制效率。

➢ 预算自动汇总与抵销：预算的组织协调难度很大，数据审核、汇总的工作量也很大，预算管理系统通过业务规则和系统架构，清晰定义科目间、成员间的勾稽关系，自动进行架构间的数据分发、汇总，以提高预算管理流程的效率。预算最终要体现为财务预算，预算编制过程中有大量的财务规则和财务计算，系统支持提供财务智能工具，减少公式、规则的定义工作量，提高编制效率。此外，预算管理系统能够根据预先搭建的预算管理组织架构实现预算按照法人实体和多样化的管理口径自动进行汇总抵销（见图 3－5）。

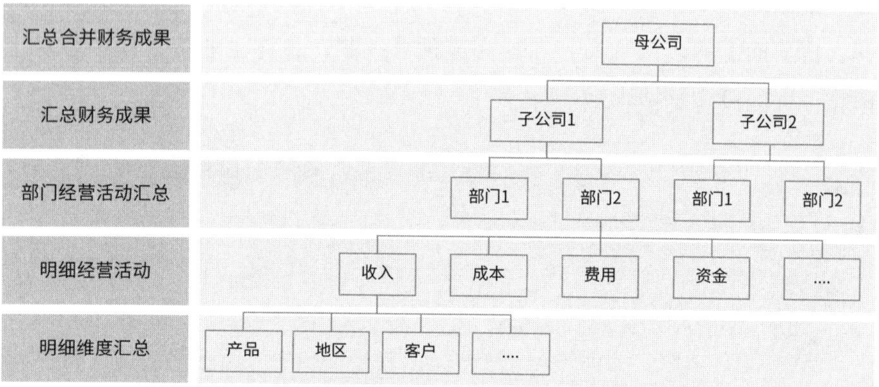

图 3－5 从各个单位的业务预算到汇总财务预算

➢ 预算审批：预算管理系统的预算审批功能包括预算编制审批、预算追加审批和预算调整审批等。上级单位对下级单位已提交的预算数据可进行线上审核，包括预算多级审批、查询预算审批状态、审批处理及审批数据保存、预算批复、预算批复下达等。同时，系统能够记录各级审批过程，并在系统中留痕，便于后续追溯。具体的审批流程和授权范围可由企业预算管理人员根据实际情况自行定义，各级预算责任人在授权范围内管理和监控预算的创建—提交—审查—批准过程。预算审批通过后，正式的预算将被下达到各责任中心执行。预算审批如图 3－6、图 3－7 所示。

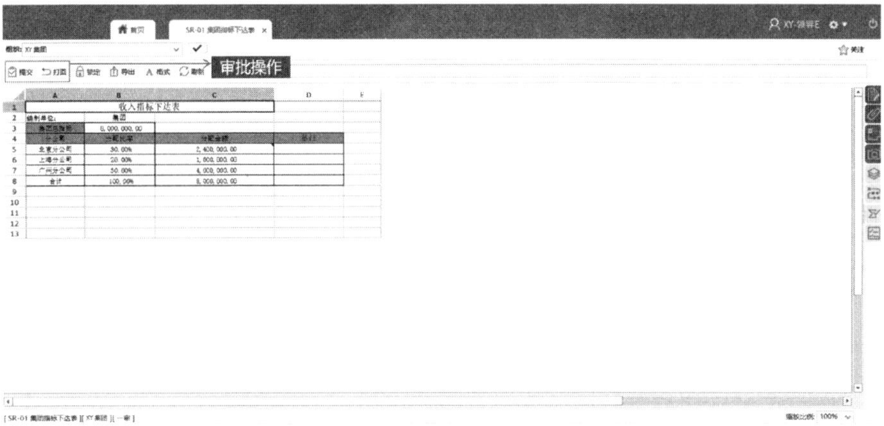

图3-6 预算审批操作（系统示例）

图3-7 预算审批记录（系统示例）

3.2.3 预算控制

通过预算管理系统的实时控制功能，企业预算管理部门可以对各预算单位的预算进行有效的预警和控制。预算控制点是指经济业务发生过程中涉及资金、物耗及其他重要方面的关键环节，具体包括责任中心点、经济业务发生点以及财务部门点等。预算控制的最佳环节是在项目确定前，其次是项目的发生过程及事后的差异分析。预算管理系统通过预算控制点设置来实现事前、事中和事后的全过程控制。

3.2.4 预算调整

预算调整是预算管理的重要环节，是指在保留原有预算数据的基础上对局部数据进行调整的过程。预算管理系统支持预算调整的申请，提供不同维度预算调整数据的查询，预算调整数据上报和预算调整的审批等功能。在实际的预算执行过程中，可能出现经营目标的调整和修正的需求，因此，预算调整可能是定期的调整，也可能是根据实际情况随时进行的调整，可以是自下而上或自上而下的调整，系统同时支持不同周期滚动调整和序实调整。无论何种情况，在预算开始执行之后，任何对预算数据的调整和修订，都应该是严谨的、受控的、保留痕迹并可追溯的，每次调整均应保留版本，便于查阅和审批（见图 3 –8）。

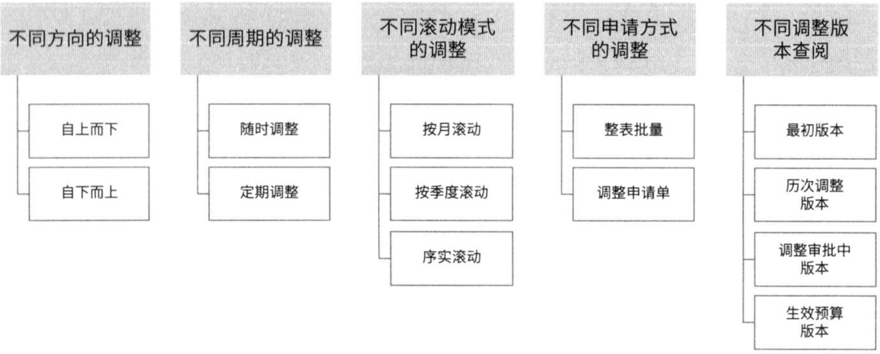

图 3 –8 预算调整的维度

3.2.5 预算分析

由于业务的多样性，预算分析工作必然是多维的数据分析，分析的数据是从多个维度进行描述的。例如，销售收入数据是从产品、渠道、客户、区域、时间、部门、人员等多个角度定义的。在对销售收入预算或实际发生数据进行分析的时候，管理者可能会关注产品、渠道、客户等各维度的销售收入，或者关注不同维度组合分析的结果，例如分析“区域 + 时间 + 产品”维度组合的销售收入。

预算管理系统是建立在多维度数据模型上进行预算分析的，系统支持对预算数据进行灵活、快速的多维度分析、查询，并对分析结果进行可视化展示；对于分散在多个预算单位的财务和业务数据，系统提供数据接口工具集成不同业务系统中的数据；同时，系统支持对不同预算期间出具预算分析报告，结合预算编制指标、预算执行指标、预算绩效指标等对预算编制与执行过程进行分析（见图3－9）。

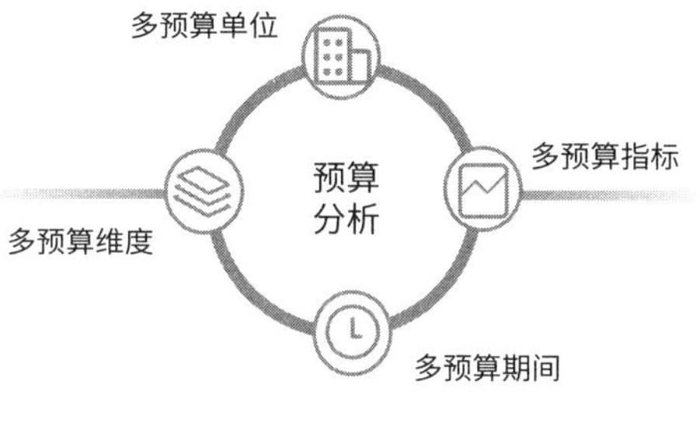

图3－9　多角度、多层次的预算分析

完善的预算管理系统可以为预算执行人员提供日常执行、管理、监控的功能，同时也可为管理者提供直观的、易用的数据分析与决策支持，能够动态显示预算的关键性指标数据及指标的实际执行情况，并针对特定指标查询到明细的业务、财务数据。预算分析报告支持随时查询预算、实际、对比、序实等数据，可透视汇总表中责任单位、指标、周期等不同维度的数据，可以自定义预算报告，查看关注的信息，以图形方式展示各项预算及实际数据，并能够在系统内以收阅、邮件、短信等方式发送预算及执行情况数据。预算监控与分析如图3－10所示。

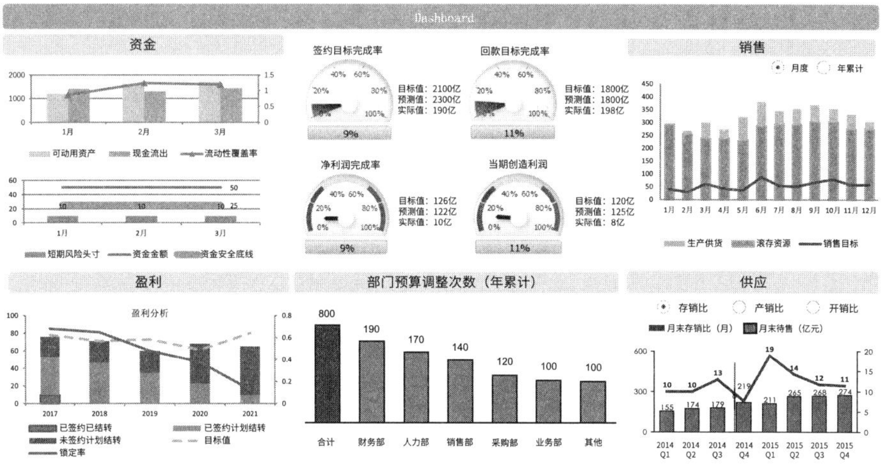

图3－10　预算监控与分析（系统示例）

3.2.6 预算考核与评价

预算管理系统支持对预算管理过程进行客观、有效的绩效评价。预算管理系统从其他关联系统获取实际经营执行数据，将其与预算数据进行对比计算，根据预先设定的评分标准自动得出预算完成情况和预算准确性得分；用系统的量化考评指标自动生成功能，在相关考核指标发生调整或修改时，指标在系统中自动更新；通过系统提供的预算提交时间与规定时间的比较等功能，对预算的管理情况等定性指标进行判断，作为预算考评者的打分参考；系统还可以对关键考核与业绩指标进行警示，对于考核评价的结果能够进行分数的自动统计、排序、汇总与存档，以备查询和检索；预算考核结果能够针对不同的管理层的实际需要分别出具。

3.3 预算管理系统对接的信息系统

预算管理系统以业务活动为中心和载体，贯穿业务开展的整个过程，以资源为对象进行逐级把关、层层控制，以维度体系为基础进行成本费用的追踪和分析。预算管理系统可以与合同管理系统、报账系统、资金管理系统、会计核算系统、绩效管理系统、决策支持系统实现对接，实现信息数据的实时共享（见图 3－11）。

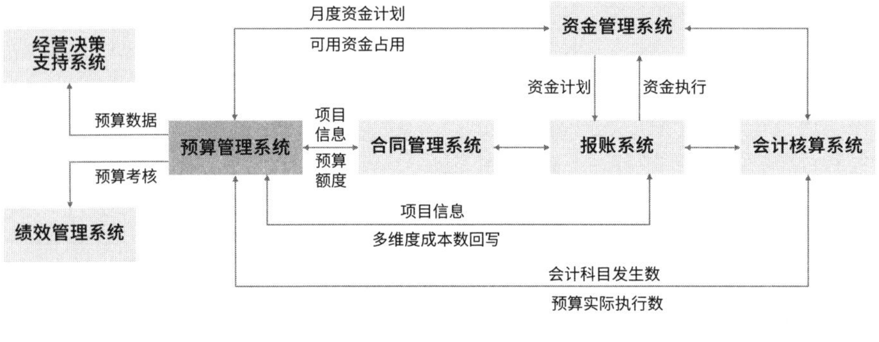

图 3－11 预算管理系统对接示意图

预算管理系统与合同管理系统对接，实现合同预算的控制。在合同签订时，通过关联所属项目编号，集成合同基本信息，对合同签订进行额度控制。同时关联合同执行信息，审批通过后，将合同金额同步至预算管理系统。

预算管理系统与报账系统（费用报销系统、业务报账系统）对接，实现预算数据与执行数据的交互。企业发生报账业务时，系统通过申报业务类型、相关部门信息、项目信息、成本费用预算科目等进行预算控制。在员工提交报账单据时，报账系统将需要进行预算控制的报账信息传递至预算管理系统，并得到预算控制结果，实现预算控制功能；审批通过后，需同步报账金额至预算管理系统。

预算管理系统通过与资金管理系统的对接，完成资金计划的制定与执行。预算管理系统与资金管理系统的交互主要体现在企业的月度资金计划管理中，月度资金计划管理建立在预算管理基础之上，管理本月预算工作开展所需的资金收支计划。预算管理系统依据资金管理系统中的存量数据及历史运营数据等信息来制定年度预算计划，在年度预算的基础上编制月度预算，并将月度预算所需的资金计划数据同步至资金管理系统，通过资金管理系统定期或不定期监控资金执行情况，提供预算执行预警。同时，资金管理系统完成支付后，会将资金执行数反馈到预算管理系统，以更新预算执行状态。

预算管理系统与会计核算系统对接，预算管理系统可以实现预算科目与会计科目的映射关系。会计科目由会计核算系统同步至预算管理系统会计科目库，会计科目实际发生数定期导入预算管理系统中；预算科目实际执行数返回预算管理系统中，同时会对预算数据及预算实际执行数据进行对比分析。由于不同企业对财务信息系统的使用程度有所不同，所以预算管理系统与会计核算系统的对接会有不同的设计，企业可根据自身情况和需求设计集成细节，来保证从会计核算系统输入预算管理系统的数据全面完整。

预算管理系统与绩效管理系统对接，可以将预算数据同步至绩效管理系统，对成本中心、投资中心和利润中心等责任中心进行综合考核与管理。主要考核内容包括各责任中心预算完成情况、责任中心的利润分配情况，考核完毕后也会对各责任中心进行奖励或处罚。

预算管理系统与经营决策支持系统对接，能够为高层管理者提供直观的、仪表盘式的关键指标数据展示，动态显示预算的关键性指标数据及指标的实际执行情况，为管理层进行科学决策提供依据。

预算管理系统还可以与项目管理系统和生产管理系统等实现对接，项目管理系统中的项目数据，可以直接从预算管理系统中导入，从而实现预算管理与项目管理一体化。预算管理系统与生产管理系统的对接体现在预算中主营业务收入预算、生产预算、产品明细预算、材料明细预算和材料采购预算可以按照物料清单自动展开。

3.4 预算管理系统的应用价值

预算管理系统的建设，实现了企业各部门之间预算管理规划的统一，有助于企业内部实施资源优化配置，为企业进行有效的内部控制及长期发展提供了有力保障。预算管理系统的应用价值主要体现在以下几个方面：

3.4.1 全面支持企业战略

预算管理的成效直接影响企业战略目标的实现。预算管理系统通过将年度预算目标层层分解到各责任中心、各员工，确保全员战略目标的统一，有效支持企业的战略体系。

3.4.2 提高预算数据管理水平

预算管理系统自动将年度预算数据按期分解，细化到每个季度或每个月，并能为绩效考核提供科学的数据支持。统一的信息化平台，使所有预算人员通过用户界面平台进行预算数据交换，保证了企业预算数据的统一性。

3.4.3 实现资源的优化配置

预算编制是一个自上而下、自下而上、多次反复调整的修改过程。采用信息化平台，可以利用用户操作界面的互动性，传递预算信息，使预算各部门之间能够及时沟通。预算管理系统通过分析本月的预算及完成情况，调整下月的预算值，以滚动预算的方式，实现对年度预算的修改调整，实现各部门资源的最优分配。

3.4.4　支持企业经营决策

预算管理系统采用动态分析方法，将预算与实际的差异层层分解到某个部门、某个预算人、某个预算指标，寻找出现差异的根本原因，进行深入分析；并将差异分析结果形成报告，有助于企业管理者对经营状况进行分析决策。

本章小结

预算管理系统是针对企业尤其是大型企业集团预算管理的统一技术平台，能够满足企业全面预算管理的需求，帮助企业建立、完善、优化预算管理体制，全面提升管理水平。预算管理系统在应用过程中实现了预算与战略规划的衔接、预算编制、预算执行与控制、预算分析及预算考核全过程的管理。

本章关键词

预算管理系统　预算体系　预算编制　预算控制　预算调整　预算分析　预算指标　接口系统

本章练习题

一、选择题

1. 从信息化的角度来看，传统预算管理痛点的具体表现为（　　）。

A. 预算编制效率低下　　B. 预算编制次数较少

C. 预算监管效果不佳　　D. 预算分析体系不完善

2. 下列选项中，在财务信息系统体系架构中属于管理层信息系统的有（　　）。

A. 预算控制系统　　B. 预算管理系统

C. 合同管理系统　　D. 绩效管理系统

3. 下列选项中，预算体系的建立主要包括（　　）等环节。

A. 搭建预算组织体系架构　　B. 建立预算指标模型体系

C. 设置评价标准　　D. 梳理业务规则

4. 下列选项中，可以与预算管理系统进行对接的信息系统有（　　）。

A. 会计核算系统　　B. 决策支持系统

C. 资金管理系统　　D. 合同管理系统

5. 下列选项中，预算管理系统的应用价值体现在（　　）。

A. 全面支持企业战略　　B. 提高预算数据管理水平

C. 实现资源的优化配置　　D. 提高会计核算质量

二、判断题

1. 核算层信息系统可以提供多种供企业使用的财务报告与财务信息。（　　）

2. 预算管理系统的预算模型能够适应不断变化的管理需求和业务逻辑。（　　）

3. 预算管理系统与报账系统对接，可以实现预算科目与会计科目的映射关系。（　　）

4. 预算管理系统可以将预算数据同步至经营决策支持系统，对成本中心、投资中心和利润中心等责任中心进行综合考核与管理。（　　）

5. 通过预算管理系统的建设，能够实现企业各个部门之间的预算管理规划的统一。（　　）

三、思考题

1. 预算管理系统的建立可以为企业预算管理工作带来哪些价值？

2. 预算管理系统具有哪些功能？

第 4 章　预算控制

学习目标

本章首先介绍了预算控制的基本概念以及完整的预算控制动作，其次阐述了预算控制矩阵，并从预算维度、预算环节、预算周期、控制口径、控制方式以及控制策略等维度进行展开说明。

通过本章的学习，应掌握：

◇　完整的预算控制动作

◇　预算控制矩阵的内容

知识结构图（见图 4－1）

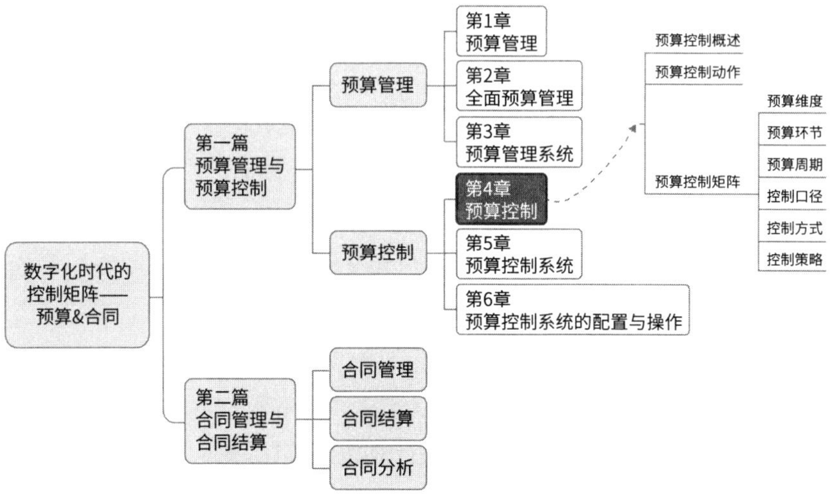

图 4－1　第 4 章框架导图

4.1 预算控制概述

预算控制是企业根据预算规定的收入与支出标准检查和监督各个部门的生产经营活动的控制过程。企业的经营环境是动态变化的，预算执行过程也需要动态进行调整以满足各部门资源配置需求，更好地发挥预算对经营活动的指导作用。因此，预算控制的目的主要体现在两点：一是动态合理地配置资源，控制经营风险和财务风险；二是为各部门的经营管理活动确定阶段性目标。

预算控制可以保证各项活动或各个部门，在达成既定目标、实现利润的过程中对经营资源进行充分利用，使收入、费用支出受到严格有效的约束。预算控制可以实现量化标准统一、目标联系紧密、过程实时监控、协同预算激励等目标。

➢ 量化标准统一。预算控制使用统一的量化标准，能够便于组织开展计量、综合和比较等工作。

➢ 目标联系紧密。预算控制将组织总体目标与个体目标紧密联系起来，将企业目标与预算标准联系起来，预算控制的成败直接影响或决定着组织目标的实现。

➢ 过程实时监控。预算控制主要是进行过程控制或实时控制，及时发现问题、纠正偏差，防止财务活动与经营活动偏离正常轨道。

➢ 协同预算激励。预算激励以预算控制为基础，以评价为前提，而评价要以预算执行与控制效果为基础。预算控制协同预算激励可充分调动全员预算控制的积极性。

【延伸阅读】

预算控制与资金计划控制的区别

资金计划控制和预算控制本质上都是对企业资金使用的管控，但是二者仍存在着一定的区别。

资金计划控制是企业计划一部分，预算控制是企业全面预算的一部分。资金计划控制是为维持企业的财务流动性和适当的资本结构，以有限的资金谋取最大的效益，而采取的关于资金的筹措和使用的一整套计划。预算控制则是对企业整体未来生产经营活动的资金使用进行合理的安排与控制。

资金计划是以本期的资金实际流入和流出作为计算标准进行资金的控制。而预算则是企业在一定的时期内，一般为一年或一个既定的期间内，经营财务投资等价值流相关的总体计划，是公司整体战略发展目标和年度计划的细化。它包括业务方面的预算（如收入预算、采购预算、费用预算），以及财务方面的预算（如利润预算、现金流量表预算、资产负债表预算等）。

从周期长短的角度来看，资金计划控制中对于人员经费支出和日常公用支出可以按月做出安排，项目支出可按合同约定的完工进度做出安排；而预算控制通常为全年的整体预算，项目支出有三年期、五年期的长期预算。在数据来源方面，资金计划控制的数据来源为实际发生的收入、支出数；预算控制的数据来源包括应收应付款项、折旧、费用摊销等。从审批模式来看，资金计划控制是一次审批；全面预算控制是多次审批，其中预算编制实际上是预算控制的第一步，企业在编制预算的过程中自上而下/自下而上，经过了多次协调和控制。对于数据包含的内容，资金计划控制包含资金计划的全部数据，与资金实际收支相关；全面预算的数据不仅与资金相关，还包括其他与资金收支无关的内容，比如预算控制会具体到对某部门人员的申请事项管控等。

4.2　预算控制动作

一个完整的预算控制动作，需要经过“申请—冻结—释放—占用”四个环节，做到员工与系统、领导与员工、领导与系统、系统与系统之间的信息和数据的交互匹配，保证每一笔预算资金的合理分配和支出，为企业稳定发展提供必要保障。

4.2.1　预算申请

为了有效避免由先开支后报销造成费用管理的“滞后性”，财务部门通常要求在实际开支前进行事前申请，采集相关信息，并在报销时将事前申请单作为附件。不同企业对事前申请的管理范围不同，通常包括差旅申请、招待费申请、会议申请和出国申请等。企业事前申请流程大致遵循“先下级，后上级；先定性审批，后定量审批；先业务部门，后财务部门”的原则。

4.2.2 预算冻结

在企业经营过程中，对于即将要发生的费用开支，如生产原料采购、员工出差等，需要事前先冻结预算，保证后续每笔费用开支的报销。通常情况下，企业的预算冻结节点可以设置在员工提单之后（例如员工提交事前申请单后直接进行预算冻结）或者领导审批完成后（例如员工提交费用申请单，经过领导审批通过后再进行预算冻结）。此外，企业还可以依据实际情况，将预算冻结的节点设置在财务人员审核完成之后。

4.2.3 预算释放

预算释放是在报销事项完成后针对审批过程中的预算冻结数进行释放。企业在费用发生前提交事前申请单，事前申请单上的申请金额，需要系统或者人工判断预算是否足够，如果超出预算，则无法申请或审批，这里的申请和预算强相关。员工可以在提交事前申请单的时候撤回申请单，手动释放预算，也可以在审批环节进行驳回，设定系统操作通过接口释放预算。

4.2.4 预算占用

预算占用是指对报销需要使用的预算金额进行占据并使用，一笔预算金额被占用后会进行锁定，其他报销事项不会影响到这笔预算。报销单据的审批完成后，在提交单据时冻结的预算会转为“占用”状态，处于占用状态的预算直接用于后续报销。

下面给出的示例中采用两种场景，来解释说明预算“申请—冻结—释放—占用”这四个控制动作。

【示例】

市场部员工 A 计划在 12 月 1 日出差，他填写并提交了出差申请单，申请一笔 3000 元的差旅费用。

场景一：员工 A 提交出差申请单（预算申请），系统校验预算余额充足，领导审批通过，系统冻结 3000 元预算（预算冻结）。员工 A 于 12 月 5 日出差回来后，报销此次出差的费用，在提交费用报账单的时候关联这笔 3000 元的出差申请单，费用报账单经领导审批、财务审核结束后，冻结的 3000 元转为占用（预算占用），用于该员工差旅费的报销。

场景二：员工 A 提交出差申请单（预算申请），报账系统向预算控制系统触发冻结请求，冻结 3000 元的预算（预算冻结）。但是员工 A 因事无法按照原计划在 12 月 1 日出差，因此，在领导审批前他撤回或关闭了他的出差申请单；或者申请单已经进入审批环节，由审批领导驳回出差申请单，这两种情况下系统均会释放这笔 3000 元的预算（预算释放）。

4.3 预算控制矩阵

预算控制矩阵是指从预算控制要素出发，采用矩阵的方式对预算进行控制，其中预算控制要素包括预算维度、预算环节、预算周期、控制口径、控制方式和控制策略（见图 4－2）。

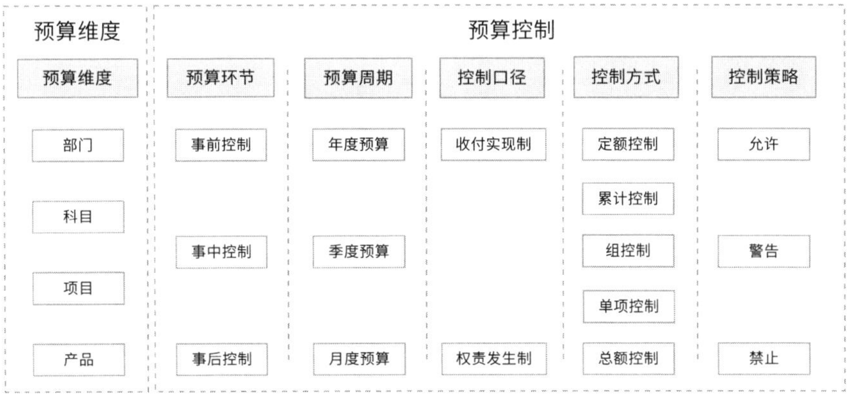

图 4－2　预算控制矩阵示意图

4.3.1 预算维度

预算维度是预算编制的基本要素，企业的预算维度一般包含部门维度、预算科目维度、项目维度和产品维度等。多个预算维度可以组成维度组合，维度组合是预算模板的基本构成要素。

（1）部门维度

以部门维度进行预算控制，是指将预算细化到部门，使用金额不允许超出所在部门预算的控制方式。这种控制方式便于预算执行的监督和控制，避免资金的挤占、挪用、截留，甚至虚列支出等情况；有利于明确各部门的职责与各项经费的管理权限，使权责相匹配；也便于各部门进行预算绩效评价，使各部门各司其职，形成一个有机整体。

（2）预算科目维度

以预算科目维度进行预算控制，是指根据预算资源类别或者费用类别，依其性质进行预算控制。企业可在预算科目框架下设立子科目，实现分层分级管理，例如按照具体费用分类，将管理费用分为差旅费、办公费、招待费等。

企业实施全面预算管理时，应当详细并且全面地了解清楚预算科目，根据业务情况，设置符合企业实际状况和发展的预算科目，以此规范成本费用支出，便于后期核算对比，作出科学有效的预算执行分析。完整的预算科目说明，除了列明科目名称，还应对每一科目作详细界定和说明，以便于预算执行部门查阅。

（3）项目维度

以项目维度进行预算控制，是指以项目为对象，按分配于各项目上的总预算进行控制。项目预算虽然主要适用于政府部门和事业单位，但对企业尤其是大型企业集团也同样适用，企业如果按照项目独立管理运作，则会进行项目维度的预算控制。

项目预算是项目管理的主要工作之一，其目的在于控制项目的成本，保证项目的成本不超出预定的范围。以项目维度进行预算控制便于进行成本控制，有利于对各项目成果进行评价、考核。项目预算作为项目考核的重要依据，在企业管理中正发挥着越来越重要的作用，如何通过预算高效、有序地管理企业的各类项目，是企业预算管理部门面临的一个重要问题。

（4）产品维度

以产品维度进行预算控制，是指在预算期内按照每种产品维度对产品各类费用进行总体预算控制，如对企业销售某种商品及提供劳务过程中发生的生产费用、材料费用、人工费用、制造费用、销售费用等进行总体控制。

开源节流，成本控制是关键因素之一。在收入一定的情况下，通常成本是决定企业经济效益的关键因素。在产品质量相同的条件下，产品价格的高低是决定企业市场竞争力的主要因素，而决定产品价格高低的是产品成本的高低。因此，产品成本预算执行情况的好坏，会影响销售预算的执行。加强产品成本控制是企业经营的永恒主题，也是企业预算管理的重点。

4.3.2　预算环节

预算控制发生在从企业经济业务开始，到预算执行报表发布过程中的任何节点，根据预算发生环节的不同，可以将其分为事前、事中、事后控制。

事前控制发生在业务申请阶段，是指在提交预算信息时进行预算控制。事中控制可能发生在提单报销、业务审批、财务审核中的某一环节，在实际预算控制中，企业会根据预算控制目标或策略选择不同的控制节点。事后控制主要是对预算信息的汇总以及预算差异的分析。企业建立“事前控制—事中控制—事后控制”的全程预算管控，有助于进行预算分析、预算编制以及奖惩兑现，为企业预算管理提高风险防控能力（见图 4－3）。

（1）事前控制

事前控制指对事前申请单中预算金额是否合理进行严格的评审控制，以确保事项科学决策，资源合理分配。在系统中，预算的事前控制具体指

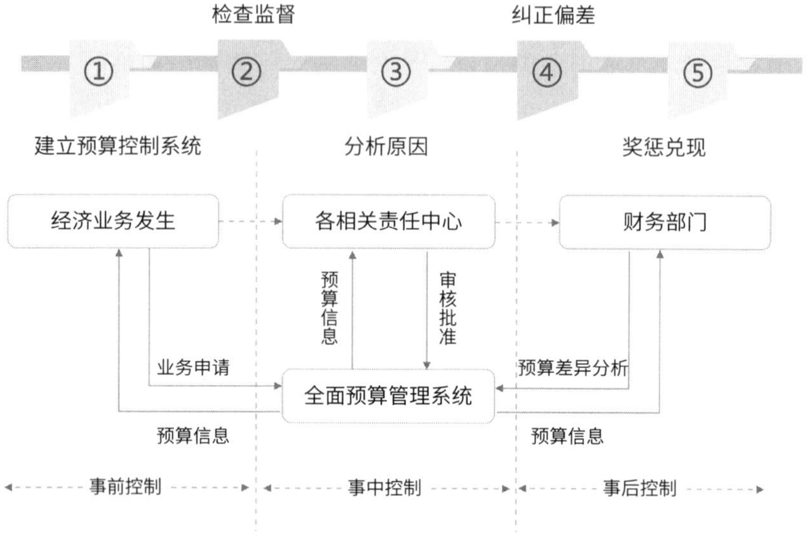

图 4－3　预算控制环节

在费用发生前提出申请时，对该事前申请单进行预算校验，若预算余额充足则同意申请并冻结预算；若预算余额不足，则驳回该申请。

【示例】

员工 A 出差预计花费 3000 元，因此在出差前提交 3000 元出差费用申请单，若此时的预算余额不足 3000 元，系统会提示余额不足。审批人员在进行单据审批时，因为预算余额不足，可以驳回该员工此次出差费用申请。若预算余额超过 3000 元并且审批人同意员工 A 出差，则系统会冻结预算余额中的 3000 元。出差费用发生后，员工 A 提单报销，该笔预算由冻结转为占用，这就是预算的事前控制。

（2）事中控制

事中控制是指费用发生后在提单报销、业务领导及财务人员对该报销单进行审批、审核过程中的任何一个节点进行预算控制。事中控制包括预算审批和资金控制两个环节。

事中控制的预算审批环节是指在预算事项执行前，对所申请事项是否在预算批准方案内、所申请的金额是否合理等内容进行审核控制。

事中控制的资金控制环节是指事项执行后，在资金计划及支付的环节，严格依照确定的预算目标或预算额度予以资金计划安排和资金支付。

【示例】

销售部员工 B 因去外地参加 F－cloud 商务会议项目，在系统中提交项目费用报账单，金额为 3000 元。由于该项目的项目预算余额为 2500 元，业务领导对该费用报账单进行驳回，员工 B 无法继续进行费用报销。这种情形属于“预算审批”控制节点进行的事中控制。

（3）事后控制

事后控制是指仅在事后对预算执行情况进行分析，通过预实对比、关键指标差异分析等及时发现预算执行差异，追踪后续改进行动，不断推动经营绩效的改进。通常企业预算的事后控制是在报销审批通过后，财务付款并将该笔费用入账，每月月末出具预算执行报告，若超出预算则给予通报批评或影响绩效考核等惩罚。预算的事后控制往往没有实际地阻断预算超出的动作，因此更像一种制度控制。

【示例】

设计部员工 C 从长沙至西安出差，差旅费用 3000 元，提单报销并经审批通过后，员工 C 收到本次报销款 3000 元。月末财务发出预算执行报告，报告显示设计部本月差旅费用预算为 10000 元，实际发生差旅费用共 12000 元，因此企业预算管理部门对设计部门进行通报批评，扣除三个月的绩效奖金，并要求设计部门对预算管控工作进行改进，这就是预算的事后控制。

4.3.3　预算周期

为了适应经营管理的需要，企业一般将预算划分为月度预算、季度预算或年度预算。预算期间的长短是由预算种类、预算性质，以及企业的管理需求决定的，例如房屋租赁费一般按照年度进行预算控制，而差旅费则更适合按照月度进行控制。

（1）月度预算

月度预算是为确保年度预算的实现，经过科学地计划组织与分析，结合本企业不同时期动态的生产经营情况按月进行编制的预算。月度预算确立了企业当月的生产经营目标，有力保障了企业全年生产经营指标的实现。月度预算也可同时编制出周预算，乃至日预算（如现金预算）。

（2）季度预算

为了更好地适应经营管理的需要，在年度预算里，可以细化编制分季度的预算；在季度预算的基础上，可将第一季度预算再按月细编制，其他三个季度暂不细编。当第一季度即将结束时，再把第二季度按月细编制出二季度月度预算，以此类推。

（3）年度预算

长期预算的预算期间幅度一般都比较大，有的长达5年、10年，甚至20年以上。短期预算的预算期间，一般在一年以内，通常每年编制一次。并使预算期间跟会计年度相一致，以便于将经营成果与预算计划相互比较。

4.3.4 控制口径

预算的控制口径包括权责发生制和收付实现制。

在权责发生制的预算控制下，预算编制的依据是企业的利润表，控制的目标为实现一定数额的净利润。权责发生制预算控制按照费用入账的节点来进行预算控制，凡在当前预算期间发生应从当前预算期间收入中获得补偿的费用，不论是否在当前预算期间已实际支付，都应占用当前预算期间的预算余额。这种预算控制方式由于更关注经济资源的变动情况以及利润的实现，而非企业当前现金流，因此往往被应用在资金风险较低的行业。

与权责发生制不同，收付实现制预算控制下的预算编制依据是现金流量表，这种预算控制方式的目标与着眼点为资金是否充足。收付实现制预算控制按照资金实际流出节点来进行预算控制，凡在本预算期间内涉及收到或付出的一切款项，无论其发生时间早晚或是否为本预算期间内该承担的费用，均应占用当前预算期间的预算余额。收付实现制关注现金金额以及是否有资金流中断的风险，因此多应用于传统制造业企业等利润率较低、有资金风险的企业。

4.3.5 控制方式

企业可以采用的预算控制方式包括总额控制、单项控制、组合控制、累计控制和定额控制。

（1）总额控制

总额控制即在预算控制时不区分预算科目，只关注某综合预算项的费用是否超出总金额，所有费用发生时都占用总体预算，这样的预算控制方式存在一定弊端，即不同预算科目间会相互挤占，当某些科目占用过多预算时，其他科目可能出现没有预算可用的情况，如管理费用是一个综合项，按照预算科目又可细分为差旅费用、招待费用、办公费用等，总额控制方式下，若差旅费用占用过多预算甚至超出预算，则招待费用和办公费用可使用的预算额度就会被挤占。

（2）单项控制

单项控制与总额控制相对，指对单个科目、部门、项目或产品等单独进行预算控制，具体控制方式参考 4.3.1 小节中对预算维度的具体介绍。例如对差旅费用单独进行预算控制，此时差旅费用无法占用其他管理费用科目的预算。

（3）组合控制

组合控制也称打包控制，指将多个科目或部门合并，作为一个整体来进行预算控制，这种控制方式适用于存在界限不明显、科目易混淆的情况。例如，某公司在校园招聘期间购买横幅，则该项费用可占用印刷费预算，又可占用制作费用预算，日常打印资料时，若自行打印则计入公杂费，在外打印则计入印刷费等，若将印刷费、公杂费、制作费用这三个易混淆的科目分开单独控制，则缺乏灵活性。站在财务角度，虽然在核算时要将它们分开，但在预算控制时并无单独控制的必要，三个科目打包控制同样可以起到预算控制作用。同理，当公司的多个部门或团队共同完成一个项目时，该项目的总预算可分解到各个部门和团队，但这种分解的目的往往只是增强各部门团队的预算控制意识，在实际预算控制时，同一项目上各部门团队的预算可以合并控制。

（4）累计控制

累计控制是指当预算期间为月度、季度或年度时，之前预算期间的剩余预算可以累计到本预算区间，与一般控制方式的区别本质是后台计算公式的不同。例如，某企业以月为预算期间进行预算控制，当该企业不实行累计控制时，11 月剩余可用预算为 11 月预算总额减去 11 月预算冻结数再减去 11 月预算占用数。而实行按月累计的控制方式时，11 月可用预算余额为该年 1－11 月预算总额，减去 1－11 月预算冻结数，再减去 1－11 月预算占用数。

控制规则的选择在实际运用中往往是非常灵活的，同一企业中的不同费用类型也可能在预算控制方式上存在差别。如加班交通费，本月未用完的预算没有下月继续使用的必要，一般不会使用按月累计控制。而项目中所涉及的费用由于不能确定具体会发生在哪一个月，可能会采用按月累计控制方式。

（5）定额控制

定额控制即按人数控制预算，如某些公司对公杂费、通信费进行预算控制时，有设定人均公杂费、人均通信费预算额度的需求。这时，某一科目能使用的预算额度可能低于预算编制时该科目的预算总额，这是因为实际招聘计划与实际员工人数存在差别。

【示例】

某部门按照定额控制对通信费进行预算管控，该部门通信费的预算为 10 万元，人均通信费额度为 2000 元。预算编制时计划招聘人数为 50 人，但该部门实际仅有员工 40 人。按照实际员工数计算得出部门的通信费预算为 8 万元，与预算总额 10 万元存在差额。

4.3.6 控制策略

预算控制策略是指系统监测到预算使用超标时，对预算申请进行控制所采取的方式，包含柔性控制和刚性控制两种控制策略。柔性控制是指对于超出预算额度的申请，由各级审批者根据相应授权权衡后决策是否可以批准执行。刚性控制是指以预算值为约束指标，任何超出预算值的支出均不能发生。

系统中具体的控制策略按照柔性/刚性控制分为“允许”“警告”“禁止”三种形式。

（1）允许

超过预算额度且系统没有提示，申请单流转至相应的领导处进行审批，这种情况是因为事项的突发性较强，无法准确预估发生的金额，事项发生时不做强制控制，主要为企业预算分析提供基础数据。

（2）警告

超过预算额度且系统提示预设的警告信息，同时申请单流转至相应的领导审批。警告后处理流程分两种情况：一是超出预算后走原审批流程不变；二是超出预算后加强审批的控制，需要更多的审批人审批。

（3）禁止

超过预算额度申请单将无法提交，是最严格的控制策略，此类情况下必须完成预算的追加或调整，方可再次提交。

不同的控制策略适用的场景不同，但目标都是实现有效的预算控制。例如，按照预算总额来进行控制或按照科目来进行单项控制时，对于金额超出预算的单据，往往直接禁止。组合控制时，若单据金额超出其中一项预算而未超过该组合总预算，往往会允许该笔费用占用预算。而警告通常用于领导审批时，提醒领导预算余额不足，是否应该追加预算。一般来说，警告和禁止两种控制策略在企业中最为常用。

本章小结

预算控制是企业根据预算规定的收入与支出标准监督各个部门生产经营活动的控制，是企业管理控制中使用最广泛的一种控制方法。预算控制的优点包括量化标准统一、目标联系紧密、过程实时监控、协同预算激励等。完整的预算控制动作，需要经过“申请—冻结—释放—占用”四个环节。预算控制矩阵的内容包含预算维度、预算环节、预算周期、控制口径、控制方式和控制策略。

本章关键词

预算控制　预算申请　预算冻结　预算占用　预算释放　预算维度　预算环节　预算周期　控制口径　控制方式　控制策略

本章练习题

一、选择题

1. 下列选项中，属于预算冻结场景的有（　　）。

A. 领导审批驳回事前申请单后进行预算冻结

B. 提交事前申请单时进行预算冻结

C. 领导审批通过事前申请单后进行预算冻结

D. 提交费用报账单时进行预算冻结

2. 下列选项中，属于企业预算维度的有（　　）。

A. 部门维度　　B. 科目维度

C. 项目维度　　D. 产品维度

3. 下列选项中，说法正确的是（　　）。

A. 房屋租赁费一般按照月度进行预算控制，而差旅费则更适合按照年度控制

B. 在重点关注现金余额并控制其变化的要求下，可以采用权责发生制；而在要求企业关注经济资源及其变动的情况下，应当使用收付实现制

C. 单项控制与总额控制相对，指对单个科目、部门、项目或产品等单独进行预算控制

D. 预算控制策略中“禁止”通常用于领导审批时，提醒领导预算余额不足，是否应该追加预算

4. 下列选项中，企业可以采用的预算控制方式有（　　）。

A. 组合控制　　B. 累计控制

C. 定额控制　　D. 分类控制

5. 研发部门采用的预算控制策略为“警告”，当研发部门预算余额为 3000 元，员工 A 提单报销金额填写了 4100 元，此时在系统中（　　）。

A. 无提示直接允许提单　　B. 提示预算不足且不允许提单

C. 无提示但不允许提单　　D. 提示预算不足但允许提单

二、判断题

1. 预算释放有两种情况，一是员工在提交事前申请单后撤回单据，手动释放预算；二是领导在审批环节驳回事前申请单，设定系统操作通过接口释放预算。（　　）

2. 一个或多个预算维度可以组成维度组合，维度组合是预算模板的基本构成要素。（　　）

3. 事中控制发生在提单报销、业务审批、财务审核中的每一环节，在实际预算控制中，企业无法自行选择预算控制节点。（　　）

4. 预算期间的长短是由预算种类、预算性质，以及企业的管理需求决定的。不同的费用类型往往会使用不同的预算控制期间。（　　）

5. 组合控制不区分预算科目，只关注某综合预算项的费用是否超出总金额。（　　）

三、思考题

1. 完整的预算控制动作有哪些环节？请简要介绍各环节。

2. 预算控制的作用有哪些？

3. 预算控制矩阵的内容包含哪些方面？

第 5 章　预算控制系统

学习目标

本章首先介绍了预算控制系统的内容，阐述了预算控制系统的功能以及预算控制系统所对接的信息系统。

通过本章的学习，应掌握：

◇　预算控制系统的基本概念

◇　预算控制系统的功能

知识结构图（见图 5－1）

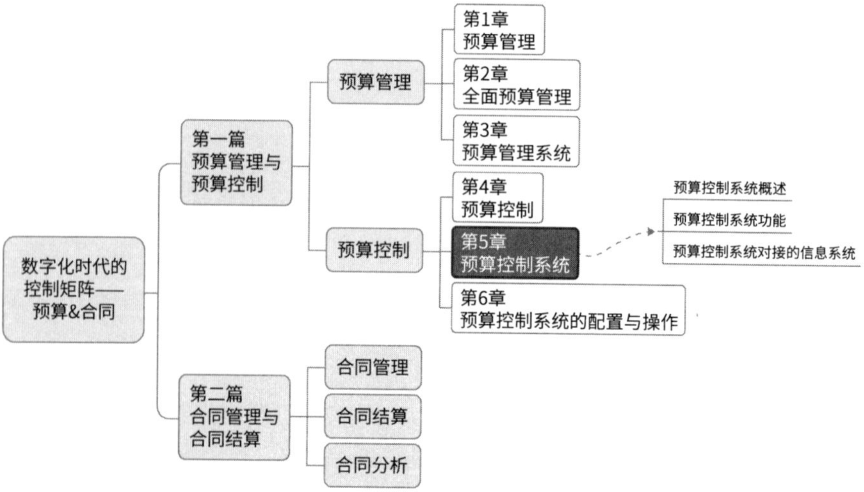

图 5－1　第 5 章框架导图

5.1　预算控制系统概述

预算控制系统是预算编制完成后预算执行过程的管控系统，在费用发生前后实时反馈预算执行情况，保证业务部门的各项开支均在预算范围内进行。

企业财务信息系统一般分为决策层、管理层、核算层及业务层四个层次，预算控制系统处于核算层中的财务控制模块，与移动报销系统、合同结算系统及报账系统互联互通（见图 5－2）。

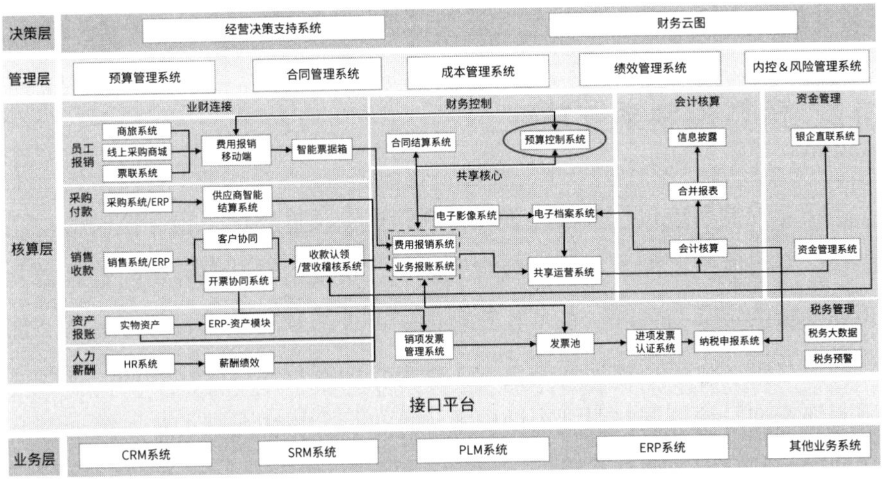

图 5－2　财务云信息系统框架

为了实现预算控制，用户需要先在配置平台完成预算相关配置，具体配置操作在第 6 章中进行介绍；完成基础配置内容后，需要在预算控制系统导入预算信息，并由预算审核人员进行预算复核，保证业务部门的各项开支均在预算范围内进行。预算导入及审核工作完成后，员工在报账系统中提交事项事前申请单，相关业务领导对申请单进行审批。事前申请单审批通过后，预算控制系统将单据中的预算金额进行冻结，用于实际报账。员工在报账系统（费用报销系统或业务报账系统）提交报账单，经由业务领导审批、财务人员审核通过后，对单据中的预算进行占用（见图 5－3）。

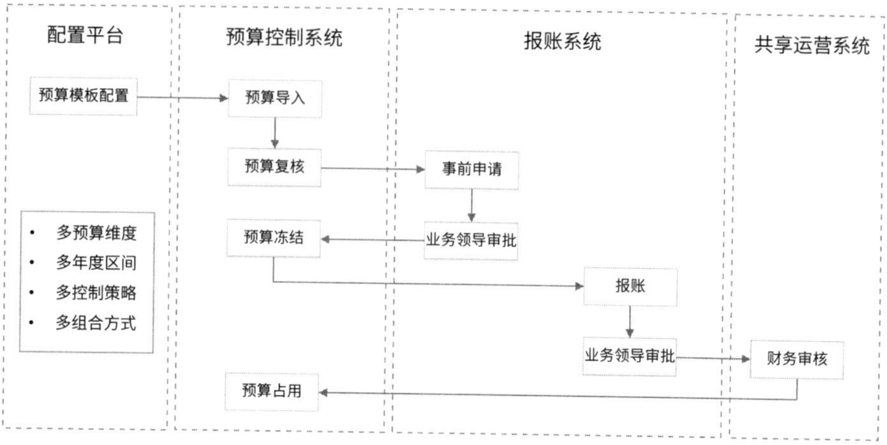

图 5-3　预算执行与控制系统流程

5.2　预算控制系统功能

预算控制系统包含基础配置、预算管理、预算查询、预算控制等功能模块。系统的基础配置能够实现维度管理、维度组合、预算期间管理以及预算模板的定义与管理；在预算管理模块可进行预算导入、预算复核、预算调整及预算审批；预算控制系统的预算查询支持预算余额查询、预算使用明细查询、预算调整明细查询以及预算执行分析情况查询；系统通过定义预算控制规则及控制策略，实现预算的管控（如图 5-4）。

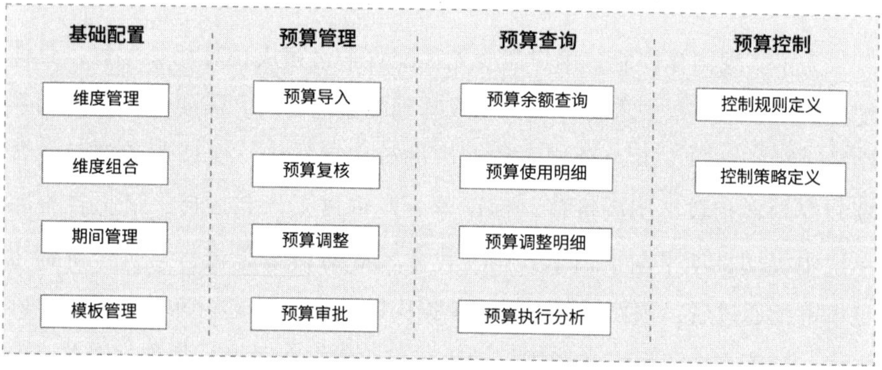

图 5-4　预算控制系统的功能

预算控制系统具有四大功能点，分别是多维度预算导入、预算控制节点灵活配置、全面细致的预算查询与分析、明晰的预算控制规则与策略。

5.2.1　多维度预算导入

预算控制系统基于配置的预算模板，可进行预算的导入和控制，也可与其他信息系统对接，同步预算数据与执行情况。预算模板类型通常包括部门预算、项目预算、资产类预算，企业还可以依据自身实际情况，自定义预算模板。系统可配置公司 + 部门 + 预算科目的部门预算模板的预算维度组合；公司 + 项目 + 预算科目的项目预算模板的预算维度组合；公司 + 部门 + 资产类别 + 预算科目的资产类预算模板的预算维度组合（见图5－5）。

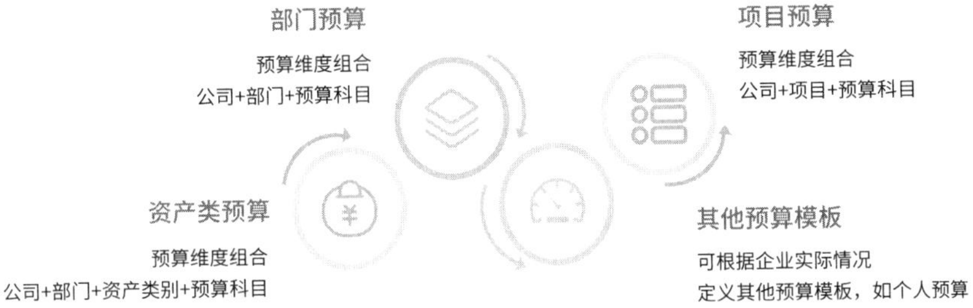

图5－5　预算模板类型

5.2.2　预算控制节点灵活配置

在预算控制系统中，预算管理员可在单据流程配置中灵活设置预算控制节点，例如在事前申请、费用报销等环节进行预算控制，自定义预算校验节点或者预算冻结节点。图5－6展示了在模板设置中自定义预算冻结节点，该节点位于“开始”节点之后、“领导审批”节点之前，表示应在报账人提单时对预算进行冻结。

5.2.3　全面细致的预算分析

预算控制系统可以查询预算余额、预算调整明细、预算使用明细并进行预算分析（见图5－7）。

数字化时代的控制矩阵——预算&合同

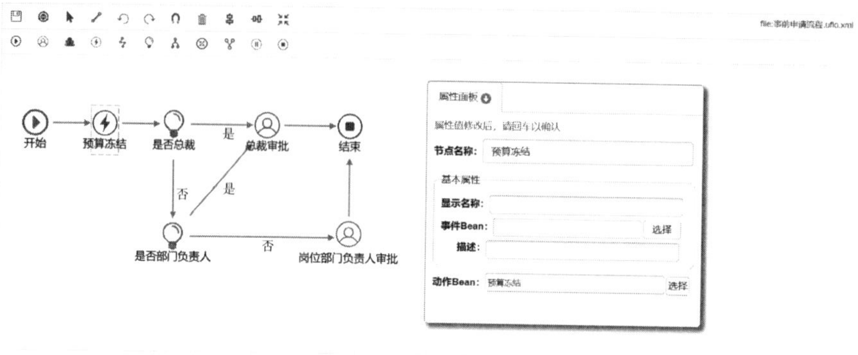

图 5－6　预算控制节点配置

图 5－7　预算查询分析内容

➢ 预算余额查询是指以预算模板为角度，展示预算维度的累计预算执行情况和明细预算执行情况。通过查询预算余额，企业可以确定预算是否充足。

➢ 预算调整明细能够展示每次的预算调整动作，一方面可以确保调整过程与预算复核结果保持一致，另一方面能起到监控执行的作用。

➢ 预算使用明细可以查询到当期的预算总额、每笔预算的冻结金额、占用金额和可用金额。

➢ 预算分析情况是指预算控制系统自动生成的预算分析报告，可以为企业管理决策提供参考。

5.2.4　明晰的预算控制规则与策略

预算控制系统的控制规则可以按不同周期进行控制，支持按月、季度、年度、季度累计、年度累计等进行预算期间控制；也可以依据控制程度的不同，进行合并控制或按明细进行控制，如对部分科目或部门的预算额度进行打包控制。预算控制系统的控制策略支持选择刚性或者柔性的控制策略，根据不同的业务场景采用禁止、警告、允许等方式（见图 5-8）。

图 5-8　预算控制系统策略与规则

5.3　预算控制系统对接的信息系统

预算控制系统通过接口可与预算管理系统、商旅系统、业务报账系统、费用报销等系统实现对接，将预算数据汇集在预算控制系统中，实现预算信息的实时共享。预算控制系统对接预算管理系统，可实现对预算编制与分解数据的同步，与费用报销系统、业务报账系统、商旅系统等系统对接可对预算进行冻结、占用（如图 5-9）。

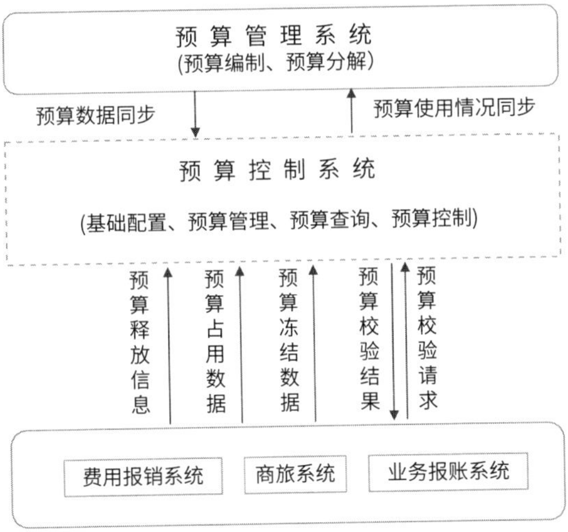

图 5-9　预算控制系统与其他系统的交互

5.3.1 与预算管理系统对接

企业基于自身战略目标、业务计划在预算管理系统完成预算编制与预算分解工作，并将预算数据通过接口同步至预算控制系统。同时，预算控制系统通过汇集预算释放、占用、冻结等数据，将本预算期间内的预算使用情况同步至预算管理系统，为下一预算期间的预算编制提供依据。

5.3.2 与费用报销系统对接

以员工费用报销为例，预算控制系统与费用报销系统的对接情况如下。

费用发生前，员工在费用报销系统提交事前申请单，费用报销系统向预算控制系统申请预算金额校验，预算控制系统将校验结果推送至费用报销系统。事前申请单经过领导审批通过后，费用报销系统将预算冻结数据传输至预算控制系统，冻结该笔预算。

费用发生后，员工提交费用报账单，并关联之前提交的事前申请单，在关联报销这一节点上，费用报销系统将预算占用数通过接口传输至预算控制系统，预算控制系统将事前申请单中冻结的预算进行释放，并将这笔预算转为占用。

5.3.3 与商旅系统对接

一些企业在差旅申请时可能要求员工在商旅系统中进行商旅预订，而非在报账系统提交事前申请。由于商旅预订属于事前动作，还未进行报账，因此预算冻结数据会传输至预算控制系统，在预算控制系统中对该笔费用进行冻结。商旅系统与费用报销系统之间也存在接口，在费用报销系统进行报销时可以关联商旅系统订单。最终，费用报销系统将预算执行数传输至控制系统，控制系统将执行数据进行汇总，并通过接口传输预算实际使用情况至预算管理系统。

5.3.4 与业务报账系统对接

在业务报账系统中，以采购业务的预算控制过程为例，在采购业务发生前，员工首先要在业务报账系统中提交采购申请单，明确本次采购占用的部门与项目预算及具体金额。单据审批通过后，预算控制系统将冻结所属项目的预算。采购完成后，在业务报账系统中提交采购订单。采购订单需关联对应的采购申请单，提交时由预算控制系统通过接口对采购订单进行预算校验。若订单金额超出申请单上的预算，则订单不允许提交，反之则允许单据提交，并将冻结预算释放，按照采购订单的金额占用预算。

至此，预算数据通过预算控制系统的汇集与传递，完成一个循环。

本章小结

预算控制是通过预算的形式规范组织的目标和经济行为的过程，预算控制系统能够实时跟踪预算执行全过程。预算控制系统的功能包括基础配置、预算管理、预算查询、预算控制。预算控制系统不是封闭运行的系统，可以与预算管理系统、报账系统、商旅系统等实现对接，实现预算信息实时共享。

本章关键词

预算控制系统　基础配置　预算控制　预算查询　预算导入　控制节点　控制规则　预算管理系统　商旅系统　报账系统

本章练习题

一、选择题

1. 下列选项中，属于预算控制系统功能的有（　　）。

A. 多维度预算导入　　B. 预算控制节点灵活配置

C. 明晰的预算控制规则与策略　D. 全面细致的预算查询分析

2. 下列选项中，属于项目预算模板的预算维度组合的是（　　）。

A. 公司 + 部门 + 预算科目

B. 公司 + 项目 + 预算科目

C. 公司 + 部门 + 资产类别 + 预算科目

D. 公司 + 部门 + 项目

3. 下列选项中，关于预算控制系统的描述说法正确的有（　　）。

A. 预算控制系统处于核算层中的财务控制模块

B. 企业可以依据自身实际情况，自定义预算模板

C. 预算使用明细可以展示每次预算调整动作

D. 预算控制系统不是封闭运行的系统

4. 下列选项中，可以与预算控制系统进行对接的信息系统有（　　）。

A. 电子档案系统　　B. 预算管理系统

C. 核算系统　　D. 业务报账系统

5. 预算控制系统在与预算管理系统对接的过程中，可能会涉及的内容有（　　）。

A. 预算数据同步　　B. 资金冻结

C. 预算使用情况同步　　D. 资金占用

二、判断题

1. 预算控制系统的基础配置能够实现多维度管理、多维度组合、预算期间管理以及预算模板的定义与管理。（　　）

2. 预算控制系统可以对接业务报账系统对预算编制与分解的数据进行同步。（　　）

3. 在预算控制系统中，预算管理员在单据流程配置中设置的预算控制节点是固定的，不能灵活设置。（　　）

4. 预算使用明细可以查询到当期的预算总额、每笔预算的冻结金额、占用金额和可用金额。（　　）

5. 在采购业务的预算控制过程中，当采购订单的金额超过预算时，预算控制系统对预算校验发现超额后将不允许提交报销申请。（　　）

三、思考题

1. 预算控制系统的功能有哪些？
2. 预算控制系统对接的信息系统包括哪些？

第 6 章　预算控制系统的配置与操作

学习目标

本章首先介绍了预算控制系统中预算配置的内容，其次阐述了预算控制系统的全流程操作步骤，最后说明了预算分析报表的内容，并展示了预算分析云图。

通过本章的学习，应掌握：

◇　预算控制系统的配置与操作

◇　预算控制与分析

知识结构图（见图 6－1）

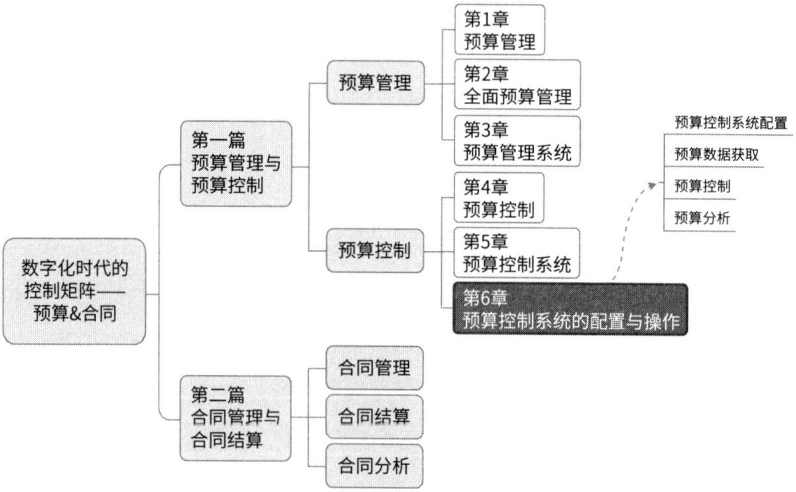

图 6－1　第 6 章框架导图

6.1　预算控制系统配置

在使用预算控制系统之前，用户需要在基础配置平台及预算控制系统中完成相应的基础配置，确保预算控制系统的功能正常运行。预算控制系统配置流程如图 6 – 2 所示。

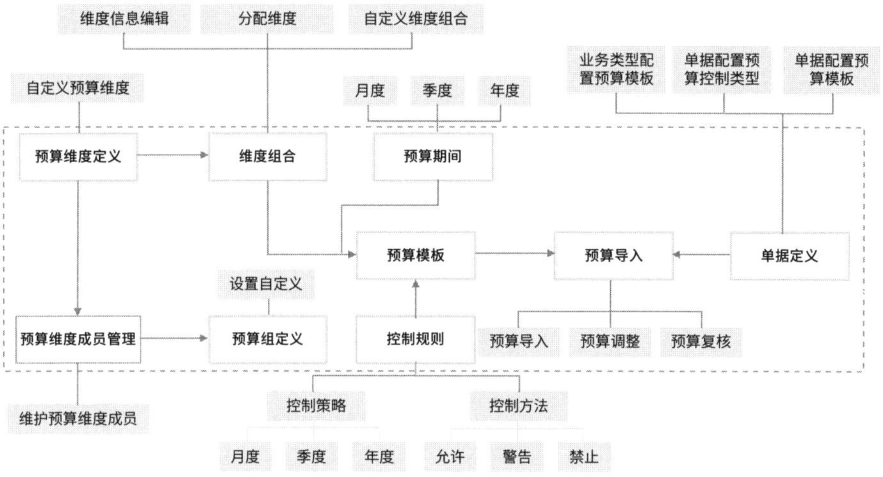

图 6 – 2　预算控制系统配置流程

6.1.1　预算基础配置

预算控制系统的基础配置分为预算维度配置、关联业务类型、组定义设置、预算模板引用、设置预算控制类型、控制策略定义六个部分。

（1）预算维度配置

用户可以在预算控制系统对预算维度进行配置。预算控制系统中的预算维度包含预算科目、部门、员工、项目等维度。如图 6 – 3 所示，维度管理界面展示了各预算维度的维度编码、维度名称、维度类型、维度用途等信息。

若维度类型为系统预设维度，用户可查看该维度对应的分类明细内容。例如选择部门预算维度，则显示出各部门信息；选择员工预算维度，则显示员工信息（见图 6 – 4、图 6 – 5）。

图 6－3 预算维度管理

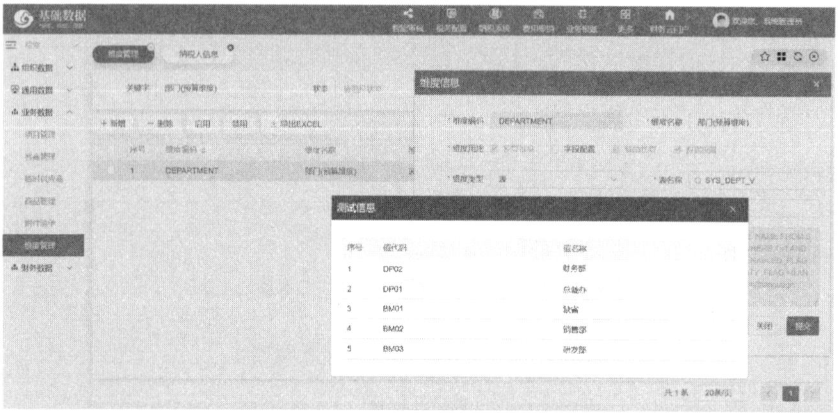

图 6－4 部门预算维度详细信息

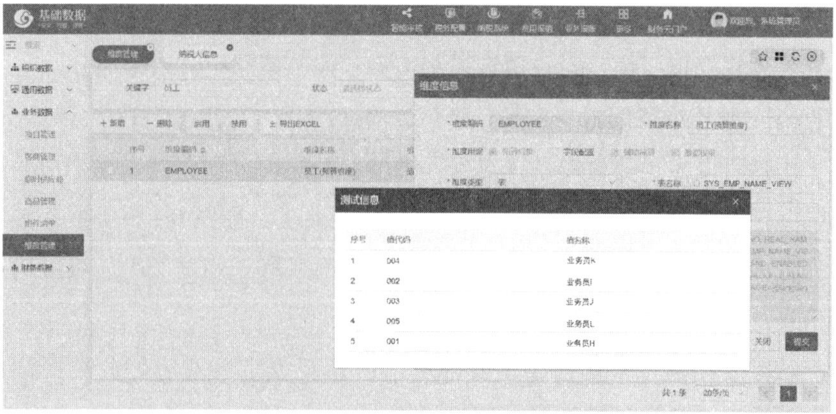

图 6－5 员工预算维度详细信息

若维度类型为自定义维度，用户可以对维度成员进行维护，为某一维度新建多个明细。以预算科目维度为例，如图6－6所示，预算科目维度的维度类型为“自定义”，用户可以通过成员管理对预算科目维度新增多个预算科目明细，如会议费、办公室租赁费、印刷费等（见图6－7）。

图6－6　自定义预算维度类型管理

图6－7　新增预算科目维度明细

（2）关联业务类型

用户在进行提单报账前，应当在预算控制系统中关联预算科目对应的业务类型，明确每一笔费用支出占用的预算科目类型（见图6－8）。

图 6－8　给业务类型配置预算科目

（3）组定义设置

预算维度配置完毕后，用户可在系统中将同一维度的成员作为一个组进行打包控制，组定义中的同组成员适用同一套预算管控规则。如图 6－9 是对业务员 A 和业务员 B 进行组合预算控制。

图 6－9　设置组定义

（4）预算模板引用

预算模板引用可以建立单据与预算模板的关联关系，用户可对单据进行预算模板引用的关联配置。如图 6－10 所示，在系统中为会议费报账单配置预算模板实现对会议费的预算控制。

图6－10 为会议费报账单引用预算模板

（5）设置预算控制类型

用户可在系统中进行单据预算控制类型的设置，预算控制类型包括“不控制”“按不含税金额控制”“按含税金额控制”等（见图6－11）。

图6－11 设置预算控制类型

（6）控制策略定义

用户可在系统中配置控制策略信息。系统支持自定义多种控制策略，用户可灵活选择控制策略进行预算控制（见图6－12）。

数字化时代的控制矩阵——预算&合同

图 6－12　配置预算控制策略

6.1.2　预算模板配置

预算控制系统支持预算模板自定义设置，用户可在进行预算控制时直接使用。预算控制系统可通过预算模板的配置实现对预算维度的不同组合进行管理。同时，系统也支持维护预算模板对应的期间，包括月度期间、季度期间和年度期间，企业还可以自定义期间方案。

在完成预算基础配置后，用户需要在预算控制系统中进一步对预算模板进行配置，预算模板的配置分为四步，分别是设置预算模板信息、设置期间方案、选择预算维度组合、选择控制策略。

➢　设置预算模板信息。主要是对模板编码、名称等信息进行设置，并输入模板说明（见图 6－13）。

图 6－13　设置预算模板基本信息

➢　设置期间方案。用户可选择是否按照预算期间控制，若需按预算期间控制，可配置期间方案，系统预设年度、季度、月度三种期间方案以便快捷选用；用户也可自定义期间方案（见图6－14、图6－15）。

图6－14　预算模板期间配置

图6－15　自定义预算期间

➢　选择预算维度组合。用户可自由组合预算维度，对维度进行排序，以便预算报表分维度展示（见图6－16）。

➢　选择控制策略。预算模板配置的最后一步，用户可为模板选择控制策略（见图6－17）。

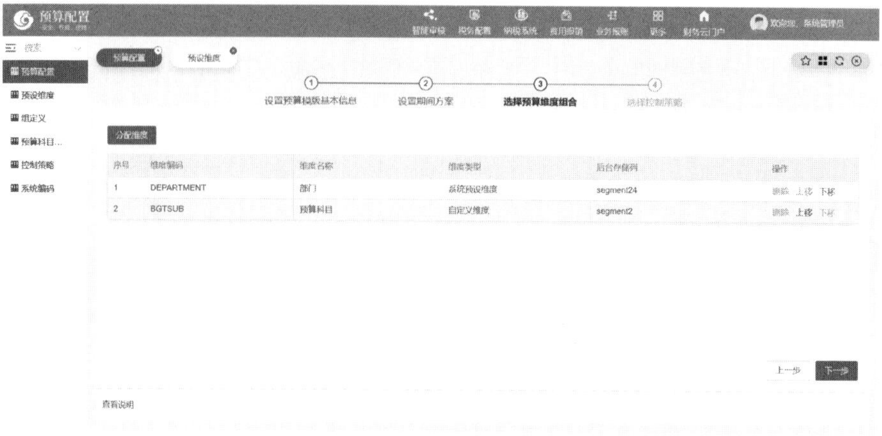

图 6－16　预算维度组合配置

图 6－17　预算控制策略选择

至此，一个完整的预算模板已配置完毕，接下来用户可以进行预算数据获取等相关系统操作。

6.2　预算数据获取

6.2.1　预算录入

预算的基础配置及模板配置完成后，在预算期初，用户需要根据预设的预算模板导入预算信息。

用户可选择之前配置好的预算模板，通过选择预算类型录入数据。系统支持手工录入和批量导入，手工录入时，需逐条根据模板中配置的维度填写预算明细（见图 6－18）。

图 6－18　手工录入预算明细

如需批量导入，则应先下载预算模板（见图 6－19），预算模板为 Excel 形式，支持填写多条预算明细批量导入。

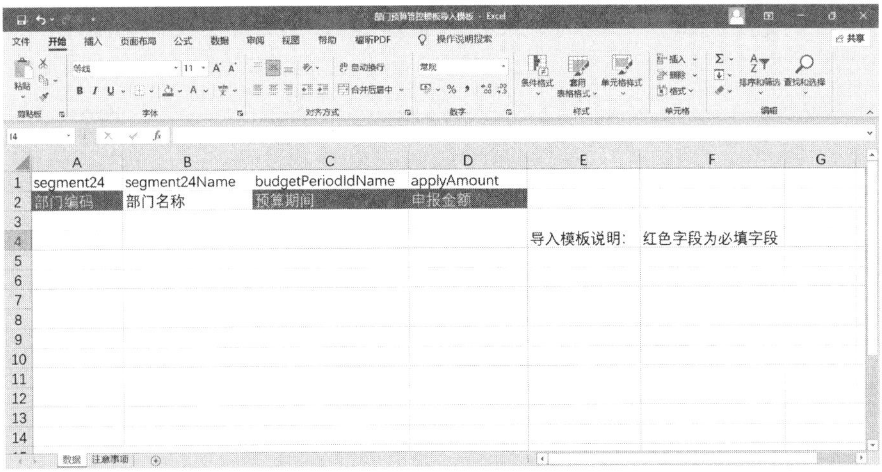

图 6－19　预算模板

预算录入完成后，用户需要在预算控制系统中对录入的预算信息进行审核，审核通过后，录入的预算正式生效。

【示例】

星云公司2021年9月综合管理部的办公用品支出预算为2000元，因此，业务员A为办公用品科目录入2000元预算并提交（见图6－20）。

图6－20　录入预算信息示例

预算复核员工B在预算控制系统中对业务员A录入的2000元预算进行复核并同意（见图6－21）。

图6－21　预算复核页面

6.2.2　预算调整

在预算执行的过程中，如需对预算进行调整，用户可在系统中选择相应模板，对需要追加预算的预算科目进行预算申报。

【示例】

星云公司综合管理部 2021 年 9 月预计将入职 20 名新员工，决定追加办公费预算 1000 元（见图 6－22）。

图 6－22　预算调整页面

6.3　预算控制

在费用发生之前，用户通常需要先提交事前申请单，并在事前申请单中填写该笔费用的预算金额，预算控制系统在单据提交时会按预算规则校验预算，校验通过后会将这笔预算进行冻结。

当事前申请单审批通过、费用实际发生后，用户需要提交费用报账单，并与这笔费用的事前申请单进行关联，同时预算控制系统会对事前申请单中冻结的预算进行释放，并冻结费用报账单的预算。提交的费用报账单在系统中如果被业务领导或财务人员驳回，系统则会自动释放费用报账单的预算，并重新冻结事前申请单中的预算；如果单据审批通过，费用报账单中的预算则会从冻结状态转为占用状态。因此，在费用报账单据还未进入业务或财务审批环节前，预算仍属于冻结状态，这笔预算金额暂不影响企业整体预算金额增减，一旦审批通过，预算就从冻结转为占用状态，企业需要占用这笔预算金额，用于实际的费用发生。

例如，部分企业要求员工在费用发生前进行预算申请，在费用报销系统填写事前申请单，关联所属预算项目，费用报销系统通过接口获取该预算项目的预算余额，并对单据进行预算校验。审批通过后，预算控制系统会对该笔费用进行冻结。费用发生后，员工在费用报销系统填写费用报账单据，需要关联对应的事前申请单，预算控制系统释放之前冻结的预算，并转为占用，从而对费用报销系统单据预算的执行过程进行管控。

6.3.1 事前申请预算控制

本节示例将更加清晰地展示预算控制系统是如何进行预算控制的，以及对于录入的预算信息具体是如何进行冻结、释放与占用的。

【示例】

星云公司注意到员工桌面文件堆叠过多，影响办公环境整洁，近期计划为每位员工配置文件收纳架。负责该项采购的业务员 A 计划采购 500 个铁艺文件收纳架，预计花费 8000 元，该笔费用将计入办公用品费，因此在采购前，业务员 A 提交通用费用申请单，但由于办公费用预算仅有 7000 元，系统提示“综合管理部/办公用品预算余额不足，禁止提交”（见图 6－23）。

图 6－23 预算余额不足禁止提单

业务员 A 收到系统预算余额不足的警告，决定选购价格更优惠的塑料文件收纳架，预计花费 6000 元。星云公司设置的预算冻结节点是在提单之后、领导审批之前，业务员A再次提交通用费用申请单时预算余额充足，因此预算控制系统直接对该笔预算进行冻结。但业务领导审批时，由于单据的备注信息中没有明确描述该笔费用具体去向，将该单据驳回，这笔预算在系统中被释放，这一过程可在预算使用明细表中查看。

（1）业务员A提单，预算余额充足，该笔预算被冻结（见图6－24）。

图6－24　预算冻结信息

（2）由于备注信息中没有明确描述该笔费用具体去向，业务领导在审批时，将该单据驳回（见图6－25）。

图6－25　驳回单据界面

（3）业务领导审批时驳回单据，该笔预算被释放，在预算使用明细表中该条冻结信息消失（见图 6－26）。

图 6－26　预算使用明细表页面

业务员 A 与业务领导沟通该笔费用具体用途后，重新提交通用费用申请单，预算控制系统将该笔预算冻结，随后业务领导审批通过；此时综合管理部业务员 B 由于不知道公司已计划采购文件收纳架，准备单独为本部门采购文件收纳架，预计花费 3000 元，也提交了通用费用申请单，由于之前业务员 A 提交的单据冻结 6000 元预算后，部门办公费剩余预算仅有 1000 元，系统提示“综合管理部/办公用品预算余额不足，禁止提交”，业务员 B 提单失败（见图 6－27）。

图 6－27　禁止提单界面

6.3.2　费用报销预算控制

费用报销预算控制是在事前申请单审批通过后，在费用报销系统中提交费用报账单，并关联事前申请单，同时释放事前申请单冻结的预算，对费用报账单预算进行冻结的过程。

【示例】

业务员 A 购买文件收纳架花费正好为 6000 元，因此他提交报销金额为 6000 元的日常费用报账单，提交时关联之前的通用费用申请单（见图 6－28）。

图 6－28　日常费用报账单关联通用费用申请单

业务领导对单据进行审批，日常费用报账单审批通过后，通用费用申请单冻结的 6000 元预算释放，转为日常费用报账单 6000 元预算冻结（见

图 6－29）。

图 6－29　申请单冻结预算转为报账单冻结预算

如果员工提交费用报账单后，在领导审批前撤回单据，单据撤回后，预算控制系统会自动释放预算。

【示例】

业务员 A 提交日常费用报账单关联 6000 元预算的通用费用申请单，提单成功后他发现部分信息填写错误，因此在领导审批前撤回单据。由于单据撤回，日常费用报账单冻结的 6000 元预算被释放，重新转为通用费用申请单冻结（见图 6－30）。

图 6－30　撤回后报账单释放预算

如果出现员工提交单据，但是单据被领导审批驳回的情况，领导驳回单据后预算会被释放。

【示例】

业务员A提交日常费用报账单关联6000元预算的通用费用申请单，提单成功后由于星云公司设置的预算冻结节点是在提单之后、领导审批之前，因此预算控制系统对日常费用报账单进行预算冻结（见图6－31）。领导审核时看到单据未上传购买收纳架的发票附件，因此驳回报账单（见图6－32）。由于单据被驳回，日常费用报账单冻结的6000元预算被释放，重新转为通用费用申请单冻结（见图6－33）。

图6－31　申请单冻结预算转为报账单冻结预算

业务员A上传清晰发票附件，并重新提交日常费用报账单关联6000元预算的通用费用申请单，提单成功后进入领导审批环节，领导及财务人员对单据核对无误审批通过，单据审批结束后，可以看到日常费用报账单冻结的6000元预算转为占用状态（见图6－34）。

数字化时代的控制矩阵——预算&合同

图 6－32　领导驳回报账单

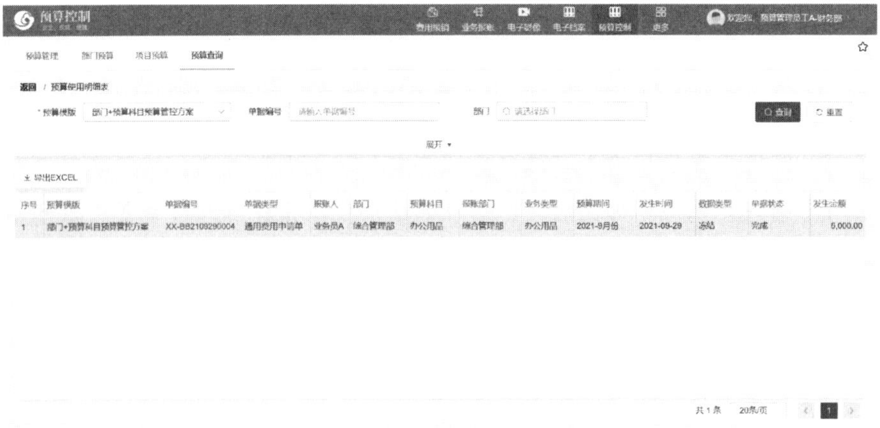

图 6－33　驳回后报账单释放预算

序号	预算模版	单据编号	单据类型	报账人	部门	预算科目	报账部门	业务类型	预算期间	发生时间	数据类型	单据状态	发生金额
1	部门+预算科目预算管控方案	XX-BB2109300010	日常费用报账单	业务员A	综合管理部	办公用品	综合管理部	办公用品	2021-9月份	2021-09-30	占用	完成	6,000.00
2	部门+预算科目预算管控方案	XX-BB2109290004	通用费用申请单	业务员A	综合管理部	办公用品	综合管理部	办公用品	2021-9月份	2021-09-30	冻结	完成	-6,000.00
3	部门+预算科目预算管控方案	XX-BB2109290004	通用费用申请单	业务员A	综合管理部	办公用品	综合管理部	办公用品	2021-9月份	2021-09-29	冻结	完成	6,000.00

图 6－34　单据审批完成后预算转占用

6.4　预算分析

6.4.1　预算报表分析

预算控制系统中内置预算分析指标，依据预算执行数据、预算历史数据出具预算报表，系统支持预算导入明细表、预算余额报表、预算使用明细表等报表查询。

（1）预算导入明细表

预算导入明细表展示不同预算模板导入的预算数据，包括年初预算数和预算调整数，用户可查询预算导入明细信息。

【示例】

在 6.2 节中，综合管理部录入了 2000 元办公费预算并追加了 1000 元预算，可以在预算导入明细表中看到录入和后续的调整明细情况（见图 6－35）。

（2）预算余额报表

预算余额报表支持展示不同预算模板中的累计预算执行情况和明细预算执行情况。

图 6-35　预算导入明细表

➢ 累计预算执行情况是预算维度在选定预算期间内的累计预算总额、累计占用金额、累计冻结金额和累计可用余额。

➢ 明细预算执行情况是预算维度按不同预算期间展示当期的预算总额、占用金额、冻结金额和可用余额。系统支持查看预算占用金额、预算冻结金额对应的报账单单据信息。

【示例】

日常费用报账单审批通过后，系统中有6000元的预算占用金额，用户可以查看金额明细和单据详情（见图6-36）。

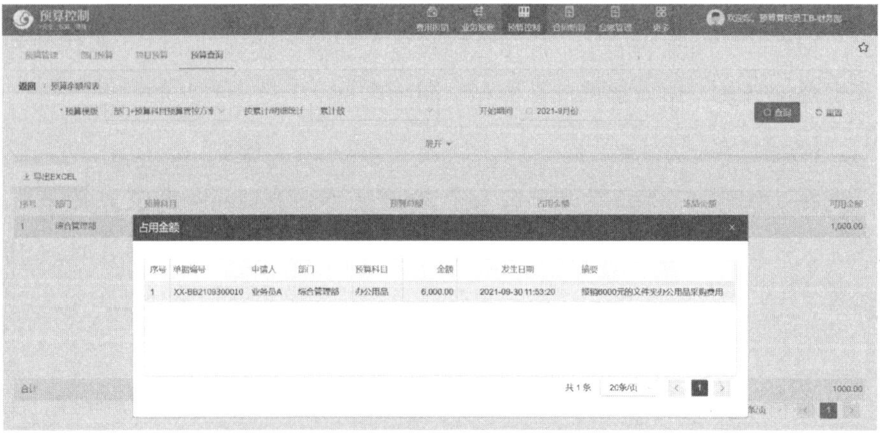

图 6-36　预算余额报表

（3）预算使用明细表

预算使用明细表展示设定的预算维度下报账单占用预算、冻结预算的金额明细。当报账单的审批流程未结束时，单据的预算使用类型是冻结状态；当报账单审批通过后，单据预算使用类型转为占用状态。预算使用明细表还可以展示整个提单过程预算金额状态的变化。

【示例】

在通用申请单提交后系统会冻结通用申请单预算，申请单被日常费用报账单关联后释放预算，从申请单 6000 元冻结预算转为日常费用报账单 6000 元冻结预算，当报账单完成审批，单据冻结的预算转为占用预算，完成整个预算的控制流程（见图 6－37）。

图 6－37 预算使用明细表

6.4.2 预算分析云图

随着新一代信息技术的发展，数字化已成为企业高质量发展的重要推动力量。在这样的背景下，企业要想实现对预算执行的实时监控，需要对预算管理过程的各个环节数据进行提取分析。预算分析云图以数据指标体系为基础，汇集企业预算相关数据，通过建模与分析，动态直观地展示企业预算执行等分析情况，为管理者提供决策所需的信息，帮助企业实现精准决策、提升企业预算管理水平、防范与控制潜在风险。

预算分析报表可视化展现企业不同期间、项目、部门等维度预算数据的统计与分析结果，帮助企业管理者掌握预算执行状况，有效进行预算管理和资金管理。根据业务需求构建多维度分析模型，用户可以灵活进行多维度分析、数据实时动态计算。以预算分析云图的形式展现分析结果，有助于对分析结果进行解释以及制定行动计划，对报表和行动计划进行流程优化。

如图 6－38 所示，预算执行分析云图分为六部分，分别从集团层面、时间维度、部门维度、预算占比、支出类型、项目维度分析预算的执行情况。

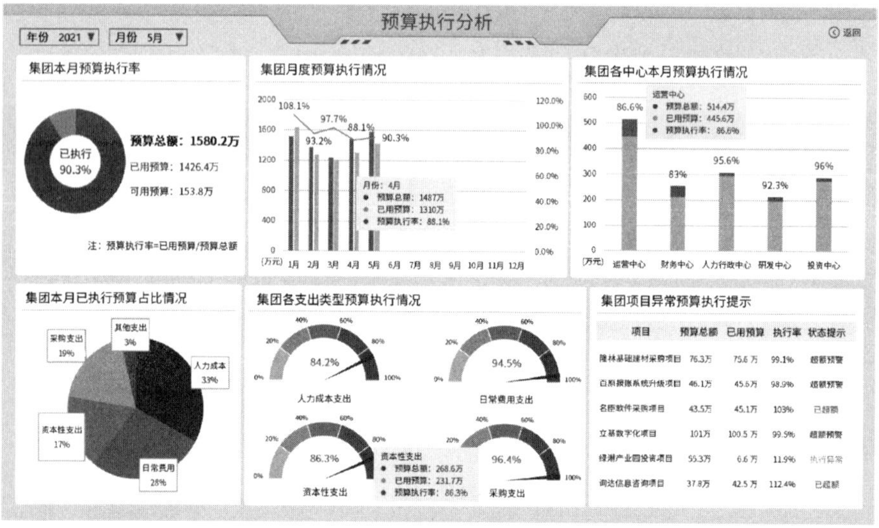

图 6－38　预算执行分析云图

➢ 报表一展示企业集团层面的月度预算执行情况，包含预算总额、已用预算、可用预算及预算执行率等指标，实现对集团预算执行的整体情况把握。

➢ 报表二展示集团层面本年度各月的预算执行情况，横向对比不同月份的预算总额与预算执行率，监控异常情况。

➢ 报表三展示集团组织架构层面的月度预算执行情况，管理者可直观了解集团各部门本月预算执行情况，进而有针对性地对特定部门的预算执行进行管控。

➢ 报表四展示集团层面本月已执行预算类型的占比情况，通过显示各预算类型占比分布，帮助管理者快速定位本月已执行预算中占比较高或较低的支出类型，提高预算管理效率。

➢ 报表五为集团层面支出类型的执行情况展示，示例中主要展示了人力成本支出、日常费用支出、资本性支出、采购支出的预算执行情况，实时更新预算执行率数值，动态直观地为管理者提供信息。

➢ 报表六是从项目维度对预算执行进行异常预警提示，包含对预算执行异常项目进行提示、对预算执行即将超额项目进行预警以及对预算执行已超额目进行通报，辅助管理者对项目预算执行的不合理支出进行及时管控与调整。

本章小结

本章介绍了预算控制系统的使用流程，首先对预算控制系统进行相应的配置工作，包含预算基础配置及预算模板配置。系统配置完成以后，对预算信息进行录入或调整，并通过系统执行预算控制。系统可查询预算导入明细、预算余额、预算使用明细并进行预算分析。预算执行分析结果可以通过预算分析云图进行可视化展示。

本章关键词

预算模板　预算录入　预算调整　控制执行　预算查询　预算报表　预算分析云图

本章练习题

一、选择题

1. 下列选项中，属于预算控制系统基础配置的有（　　）。

A. 预算维度配置　　B. 组定义设置

C. 预算模板引用　　D. 设置预算控制类型

2. 下列选项中，属于预算模板配置的内容有（　　）。

A. 设置期间方案　　　　B. 确定控制口径

C. 预算维度组合　　　　D. 选择控制策略

3. 下列选项中，关于预算控制与执行的描述正确的有（　　）。

A. 在事前申请单中填写费用申请金额，系统校验预算充足后会对这笔费用进行预算占用

B. 提交费用报账单时系统会关联这笔费用的事前申请单，同时对事前申请单中冻结的预算进行释放，并冻结费用报账单的预算

C. 提交的费用报账单在系统中如果被业务领导驳回，系统不会自动释放费用报账单的预算

D. 在费用报账单据还未进入业务审批环节前，预算仍属于占用状态

4. 下列选项中，对于预算查询及报表的说法错误的是（　　）。

A. 预算导入明细表是按照选定的预算模板，展示该预算模板中预算的导入数据，包括年初预算数和预算调整数

B. 累计预算执行情况是预算维度在选定预算期间内的累计预算总额、累计占用金额、累计冻结金额和累计可用余额

C. 预算使用明细表的作用体现在能够展示预算模板中预算维度的累计预算执行情况和明细预算执行情况

D. 预算使用明细表展示设定的预算维度下报账单占用预算、冻结预算的金额明细

5. 下列选项中，对预算分析内容描述正确的有（　　）。

A. 预算分析并不能实现对预算计划和实际结果的差异性分析

B. 预算分析云图可以对预算执行分析结果进行可视化展示

C. 预算分析不需要用到企业内部的财务数据

D. 预算分析结果可以帮助企业管理者掌握预算执行状况

二、判断题

1. 预算控制系统中可以对预算进行维度管理，支持对预算维度进行不同组合。（　　）

2. 在预算控制系统中需要给业务类型配置预算科目，建立预算科目和业务类型的关联关系，从而进行预算管控。（　）

3. 在预算执行的过程中，如果遇到对预算进行调整的情况，需要先在系统中选择相应预算模板，再进行预算追加信息的录入。（　）

4. 预算导入明细表按照不同的预算期间展示当期的预算总额、占用金额、冻结金额和可用余额。（　）

5. 以预算分析云图的形式展现分析结果，有助于对分析结果进行解释以及制定改进计划，对预算管理流程持续进行优化。（　）

三、思考题

1. 企业通过在系统中完成哪些配置，可以实现预算控制？
2. 预算控制系统具有哪些功能？
3. 预算控制系统在进行费用报销预算控制时的审批要素有哪些？

第二篇

合同管理与合同结算

第 7 章　合同管理

学习目标

本章首先介绍了合同管理的基本概念，其次详细阐述了合同全生命周期管理的主要内容与意义。

通过本章的学习，应掌握：

◇　合同与合同管理的基本概念

◇　合同全生命周期管理的内容

◇　合同全生命周期管理的意义

知识结构图（见图 7 - 1）

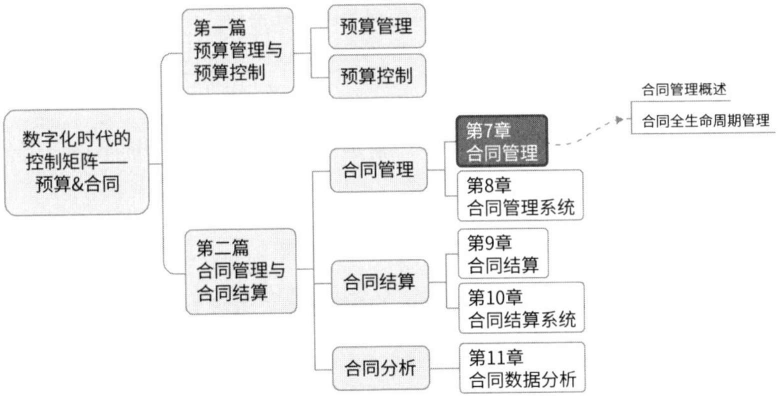

图 7 - 1　第 7 章框架导图

7.1　合同管理概述

合同是民事主体之间设立、变更、终止民事法律关系的协议。对于企业而言，合同是企业从事民商事行为的书面凭据，决定了企业承担的权利和义务以及是否能在可控范围内有效保障自身的合法权益。

合同管理是指企业对以自身为当事人的合同依法进行订立、履行、变更、解除、转让、终止以及审查、监督、控制等一系列行为的总称。

合同管理必须是全过程的、系统性的、动态性的。全过程是指合同管理贯穿合同洽谈、草拟、签订、生效直至合同失效的整个过程，企业不仅要重视合同签订前的审查，更要重视合同签订后的管理；系统性是指凡与合同条款相关的部门均需参与管理；动态性是指合同管理需注重履约全过程的情况变化，特别要掌握对自身不利的变化，并据此及时对合同进行修改、变更、补充、中止或终止。

数字化时代的控制矩阵——预算&合同

企业要想确保合同签订、履行、归档等环节均处于有效控制状态，实现合同的规范化、科学化管理，需要做到合同管理的四个标准化（见图 7－2）。

图 7－2　合同管理的四个标准化

➢　标准化文本

企业需要基于不同的业务场景，制定适用于该业务场景下的标准化合同模板，并在集团范围内推广使用。

➢　标准化程序

企业需要制定标准化的、端到端的合同全生命周期管理流程，从合同发起到合同关闭均有标准的作业程序。

➢　标准化审查

企业需要明确并制定不同情况下、不同业务类型所适用的合同审批流程、合同审批权限等制度，梳理合同审核规则，有效避免人为疏忽或遗漏造成的错审、漏审。针对特殊合同的审批，还需要建立区别于一般合同的审批流程。

➢ 标准化监督

企业需要建立合同履约跟踪管理机制，实时掌握合同执行现状以及合同执行过程中存在的问题，合理规避可能面临的合同风险。

7.2 合同全生命周期管理

7.2.1 合同全生命周期管理的概念

合同全生命周期主要包括从合同起草、签署、变更、转让、中止、续签、恢复、交接直至合同关闭的各个环节（见图 7－3）。合同全生命周期管理是将合同从准备阶段到终止阶段的上述全部业务纳入合同管理工作，形成系统、动态的闭环管理过程。

图 7－3　合同全生命周期

➢ 合同起草

合同起草是指通过书面或者电子等方式拟订合同相关内容。企业在确定合同相对方后，业务部门会在企业经营业务范围内，依照授权与合同相对方就合同内容及合同条款进行谈判，明确合同双方的权利及义务，开始起草合同。在合同起草时，合同经办人需对合同类型、主体、目的、程序等要点进行梳理，对交易可行性、是否存在风险、采取何种交易结构更有利于交易目的的实现进行分析，从而对该合同进行整体把握。

➢ 合同签署

合同签署是指合同当事人对合同内容确认无异议后的签字行为。在合同签署时，企业需要明确合同相对方的基本情况，如合同相对方身份信息是否真实准确、合同相对方的印章是否为有效印章、签约人是否具有签约权限等。

➢ 合同变更

合同变更是指在原合同存续的基础上，双方协商一致就合同的某些条款进行修改的过程。

➢ 合同转让

合同转让是指合同当事一方将其合同权利、合同义务或合同权利义务，全部或部分转让给第三人，合同转让只改变了履行合同权利和义务的主体，并不改变合同权利和义务具体内容。

➢ 合同中止

合同中止是指在合同义务履行之前或履行过程中，由于某种客观情况的出现，暂时停止履行合同的情况，一旦中止事由消失，合同继续履行。

➢ 合同续签

合同续签是指在合同期限届满后，合同双方继续延长合同有效期的法律行为。

➢ 合同恢复

合同恢复是指在合同中止事由消失后，合同恢复效力的情况。

➢ 合同交接

合同交接是指将已经生效的合同移交至相关合同经办人进行管理的行为。

➢ 合同关闭

合同关闭是指对于执行完毕或终止的合同进行评价、归档的过程。合同管理部门在每年初将上一年度的合同原件和附件整理好，依照一定顺序装订成册，做好归档管理工作。合同关闭可以及时完整地记录合同执行过程中出现的问题及处理结果，实现了合同全生命周期的闭环管理。

7.2.2　合同全生命周期管理的意义

合同在保障企业获取经济效益的合法性、避免企业出现经济损失等方面具有重要的意义。完善的合同管理体系，可以帮助企业在生产经营活动中提高资金使用效率，加强内控合规管理，助力企业经营决策。因此，推动企业合同管理向精细化和智能化的方向转变，实现对合同的全生命周期管理是非常有必要的。

（1）提高资金使用效率

合同全生命周期管理可以通过对货物信息、款项信息、工期信息、质保期信息等履约过程信息进行监控，加强对合同进度、结款等关键环节与节点的预警与提示，帮助企业合理制定资金计划，提高交易效率，降低交易成本，加速资金周转，提升企业资金使用效率。

（2）加强内控合规管理

合同全生命周期管理可以帮助企业梳理合同管理各环节的主要风险点并进行全面分析和风险识别。例如，在企业实际经营管理的过程中，可能会出现合同反向签订或补充签订等各种情况，即在履行义务后签订合同，或者在履行义务过程中签订合同，这可能会产生合同双方权利义务不明确、法律责任界定不清晰等风险。合同全生命周期管理通过对合同各环节设置控制点，满足企业合同流转过程中节点控制要求，加强企业合同合规管理，实现企业风险管控目标。

（3）助力企业经营决策

通过合同全生命周期管理，企业可以实现从合同签订前、签订中到签订后的全流程管理，贯通业务与财务数据，有效整合、统计和分析各方信息，深度挖掘合同数据价值，为企业经营管理提供决策支持。

本章小结

合同管理是企业作为合同当事人依法进行订立、履行、变更、解除、转让、终止以及审查、监督、控制等一系列行为的总称。规范、科学的合同管理需要做到四个标准化，即标准化文本、标准化程序、标准化审查、标准化监督。合同全生命周期管理是将合同从准备阶段到终止阶段的全部业务纳入合同管理工作，形成系统、动态的闭环管理过程，可以帮助企业在生产经营活动中提升资金使用效率，加强内控合规管理，助力企业经营决策。

本章关键词

合同　合同管理　合同全生命周期管理　合同起草　合同签署　合同变更　合同转让　合同中止　合同恢复　合同续签　合同交接　合同关闭

本章练习题

一、选择题

1. 合同管理是指企业对以自身为当事人的合同依法进行订立、履行、变更、解除、转让、终止以及审查、监督、控制等一系列行为的总称。合同管理过程具有（　　）特点。

A. 系统性　　B. 阶段性

C. 全过程　　D. 动态性

2. 构建完善的合同管理体系对企业而言至关重要，下列选项中，属于合同全生命周期管理的意义的有（　　）。

A. 提升资金使用效率　　B. 助力企业经营决策

C. 加强内控合规管理　　D. 提高资产使用效率

3. 下列各环节属于合同全生命周期管理的有（　　）。

A. 合同起草　　B. 合同变更

C. 合同转让　　D. 合同商谈

4. 在合同管理的四个标准化中，（　　）是指企业依据不同的业务场景，制定适用于该业务场景下的标准化合同模板。

A. 标准化程序　　B. 标准化监督

C. 标准化审查　　　　　　　　　　D. 标准化文本

5. 合同转让是指当事人一方将其合同权利、合同义务或者合同权利义务，(　　) 转让给第三人。

A. 全部　　　　　　　　　　　　B. 全部或者部分

C. 部分　　　　　　　　　　　　D. 一半

二、判断题

1. 在合同起草时，如果存在国家或者行业设置的合同示范文本，应该优先引用。 (　　)

2. 合同全生命周期管理可以帮助企业有效整合各方信息，并进行统计和分析，为后续的合同数据分析提供支持。 (　　)

3. 完善的合同管理体系一定可以帮助企业避免所有合同风险失控带来的经济损失。 (　　)

4. 在合同变更时，合同经办人需要重新拟订合同内容，包括合同主体、合同权利义务的内容等。 (　　)

5. 合同全生命周期管理是将合同从准备阶段到终止阶段的全部业务纳入合同管理工作，形成系统、动态的管理过程。 (　　)

三、思考题

1. 合同管理的四个标准化包含了哪些内容?

2. 请简要描述合同全生命周期管理各个环节。

第 8 章　合同管理系统

数字化时代的控制矩阵——预算&合同

学习目标

本章首先介绍了合同管理的现状与发展趋势，其次阐述了合同管理系统的建设目标、定位以及系统流程，最后介绍了合同管理系统的基本功能及系统配置。

通过本章的学习，应掌握：

◇　合同管理的现状及发展趋势

◇　合同管理系统的建设目标

◇　合同管理系统的定位与系统流程

◇　合同管理系统功能及配置

知识结构图（见图 8－1）

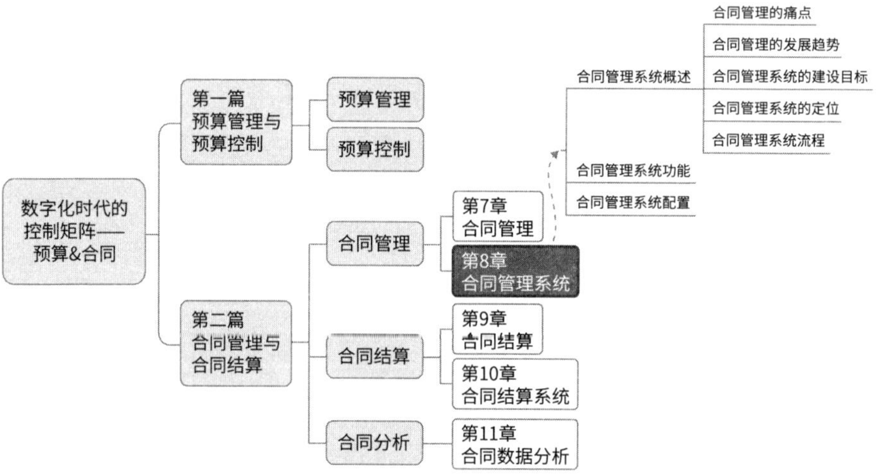

图 8－1　第 8 章框架导图

8.1　合同管理系统概述

8.1.1　合同管理的痛点

合同管理是落实企业风险管理和内部控制的一项核心管理工作，涉及多部门、多环节、多系统。在传统的合同管理模式中，合同主要采取线下流转与管理模式，易造成合同管理无统一归口、合同管理效率低、合同审批流程不规范、合同数据联动程度低等问题（见图 8－2）。

图 8－2　合同管理的现状

（1）合同管理无统一归口

合同缺少统一归口管理部门，合同格式和条款易被修改，合同经办人在起草合同时使用非标准模板，导致企业合同风险管控难度增加。

（2）合同管理效率低

在合同起草环节，部门间信息同步不畅，针对合同具体条款协调沟通效率低，影响合同起草流程推进；在签署环节，纸质合同在各个签约主体之间线下流动，合同签署进度慢，影响业务推进，且存在合同丢失风险，合同管理效率低。

（3）合同审批流程不规范

合同起草、签订、变更、终止等各环节流程在线下进行，审批流程难以规范、不易监管，存在合同审批流于形式、合同越权审批等情况；同时，合同审核点多，审核风险大，例如合同内容前后一致性、实际签署合同与合同管理系统内容一致性、合同内容与支付信息一致性等，复杂的规则导致人工审批工作量大、错误率高。

（4）合同数据联动程度低

跨系统、跨部门的合同信息与数据分散，数据标准不统一，企业按照不同口径和条件统计数据的难度较高，导致合同相关数据无法实现有效联动，合同数据分析难度大，无法为企业经营管理提供有效支持。

8.1.2 合同管理的发展趋势

随着外部市场竞争愈发激烈，市场监管越来越严，以及企业规模不断扩大，日常生产经营过程中涉及的合同风险层出不穷。若合同管理仍然停留在操作层面，不仅无法有效防范合同风险，更无法深入参与企业经营环节，这些均促使企业合同管理工作从操作性、事务性的工作层面向管理性、战略性层面发展。合同管理的发展趋势如图 8－3 所示。

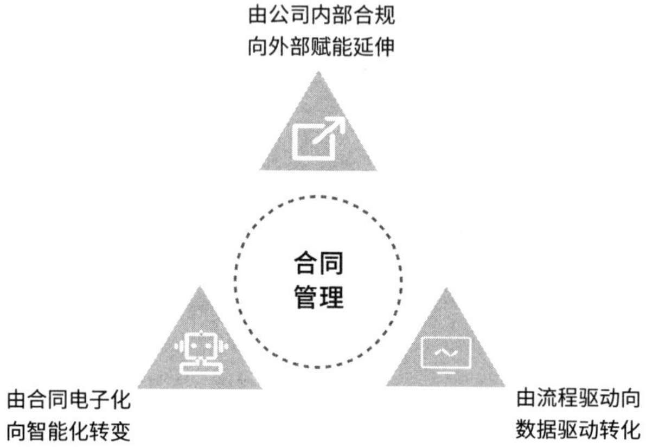

图 8－3　合同管理的发展趋势

（1）由合同电子化向智能化转变

传统合同管理强调将纸质合同电子化，虽然可以通过固化运营流程解决合同管理工作量大、烦琐等问题，但在合同审核工作中仍存在一定局限性，一是存在审核盲区，例如人工审查过程中存在知识局限及漏判误判等人为差错，二是人工无法做到对全量信息进行查阅。

未来在人工智能技术的应用下，企业可以实现合同由人工审核到智能审核的转变，例如 NLP 技术在合同智能审核领域有广泛的应用空间，它利用计算机分析自然语言语句和文本，抽取重要信息，进行检索、问答、自动翻译和文本生成，可以处理海量的非结构文本数据，提高处理多数据源的审查分析能力。在合同审核过程中，NLP技术可以代替人工处理繁杂的文本阅读和重要信息提取等工作，借助强大的机器学习、深度学习算法通过模型训练，实现合同风险点的自动识别，实现更高效、更智能的合同审核[①]。

（2）由公司内部合规向外部赋能延伸

传统合同管理系统强调内部流程的合规性，未来则要求企业通过合同管理系统赋能合同相对方。合同管理系统通过对客户、供应商等相对方的信息进行线上化、精准化的管理，提升企业对合同相对方的管理质量，比如企业可以根据自身风控需求，查验相对方的主体企业、关联企业的相关信息（失信被执行记录、工商风险信息、商户黑名单等），并保持一定的更新频次，财务在合同审核时可以通过查询相对方历史数据，提前发现潜在风险，规避法务纠纷。

（3）由流程驱动向数据驱动转化

传统的合同管理系统是在梳理合同管理流程的基础上，将合同管理流程由线下移至线上，未来企业需要打通合同与采购、销售及财务等信息系统的数据，将分布于各个信息系统的数据有机联合，实现数据或信息间多维度共享，深度挖掘合同管理数据的潜在价值。

8.1.3　合同管理系统的建设目标

合同管理系统是对集团合同进行统一管控，实现合同从起草、审批、签署、执行、变更、中止、直至关闭的全生命周期管理的合同管理操作平台。

作为企业信息系统平台中的重要一环，合同管理系统承担起了统一和规范集团范围内合同以及合同相关事宜日常过程管理的重要职能。合同管理系统的建设，不仅仅是上线一套系统，而应该是成为一体化的、信息资源充分共享的、满足企业经营管理需求的合同管理支撑系统。合同管理系

① 中兴新云，南京大学，厦门大学．财务的自动化 智能化 数字化［R］．2020.

统的建设目标包括规范管理、降本增效、防控风险以及支持决策等（见图8－4）。

图8－4　合同管理系统建设目标

（1）规范管理

通过合同管理系统的建设，企业可以搭建起规范且统一的适用于全集团范围的合同管理体系，例如规范合同线上签订及审批流程、统一合同签订模板等，最大限度地保障企业各级组织在合同签订与履行过程中的合规性，实现全局化、规范化管理。

（2）降本增效

合同管理系统可以实现合同的线上签订和无纸化管理，减少纸质合同打印过程，节省合同存储空间，降低合同管理成本。同时，由于合同的订立和履行过程需要多个部门的协同与配合，合同管理系统可以简化线下纸质合同签批与审核等流程，节约线下部门间协调与沟通时间，极大地提升合同流转与管理效率。

（3）防控风险

合同管理系统可以帮助企业实时跟踪合同流转状态，及时发现风险并预警提示，加强企业合同风险防范与控制能力；同时，合同管理系统可以实现合同签署过程的自动化存证，提供技术出证或司法鉴定出证服务，为证据链提供充足支持，最大限度地保证企业权益不受侵害。

（4）支持决策

合同管理系统通过自动化、智能化技术的应用，加速信息的采集、流转，通过与其他信息系统的有机整合，实现信息的有效共享，从而帮助企业基于海量、多样的合同数据进行分析、预测与预警，为企业经营管理决策提供支持。

8.1.4 合同管理系统的定位

企业财务信息系统分为四个层次，分别是业务层、核算层、管理层以及决策层（见图 8-5）。合同管理系统处于管理层，通过不同功能模块的设置，对合同签订前、合同签订过程中以及合同签订后这三个阶段中的重要事项及节点加以落实，实现合同全生命周期管理，提升合同管理质量与效率。

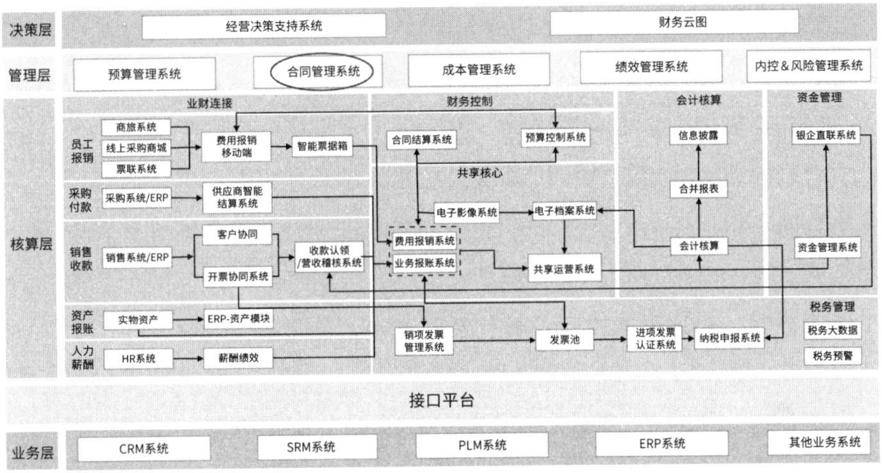

图 8-5 财务信息系统框架图

8.1.5 合同管理系统流程

合同管理系统流程如图 8-6 所示，用户可在合同管理系统中根据合同管理的不同阶段进行操作与管理。

在合同起草前，用户可根据类型进行合同模板配置，配置内容包括合同表单字段、合同关键字等。

合同起草分为纸质合同起草与电子合同起草。电子合同起草适用于合同签订形式为“线上签订”的合同，合同经办人选择合同类型，系统自动关联合同类型对应模板，合同经办人填写合同相关信息并上传合同附件；

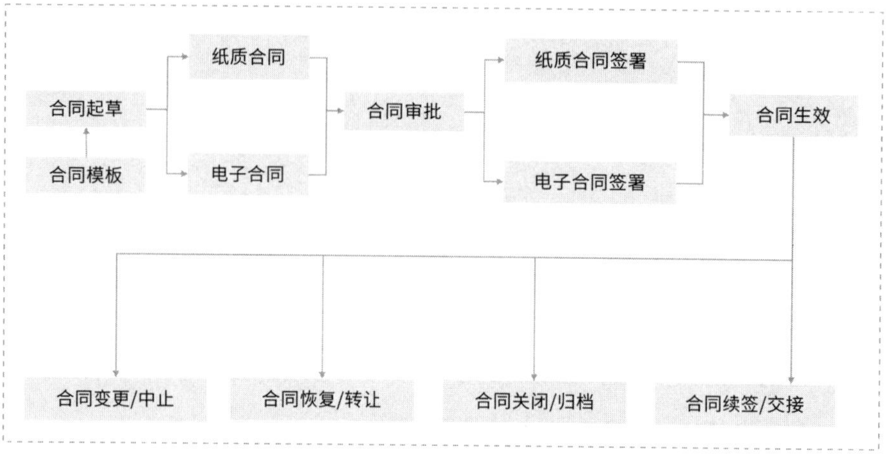

图 8-6　合同管理系统流程

纸质合同起草适用于合同签订形式为“线下签订”的合同，合同经办人进入合同起草界面，上传合同附件及已线下拟定完毕的合同文本。

合同起草完成后进入审批环节，相关领导对合同内容进行审批。

合同审批通过后进入签署环节，签署形式分为纸质合同签署和电子合同签署。对于电子合同，合同起草完毕后，合同经办人发起线上签署；对于纸质合同，合同履行线下盖章、签署流程，合同正式生效。

合同生效后，根据执行情况的不同，可能存在合同续签/交接、合同关闭/归档、合同恢复/转让、合同变更/中止等管理需求，这些动作均可在合同管理系统相应界面进行操作。

8.2　合同管理系统功能

合同管理系统通过多个模块的设计，使得企业合同管理更加规范，全面实现合同线上签署、实时跟踪合同执行进度、多维度查询合同报表等功能。合同管理系统包括首页、合同管理、合同查询、系统配置等多个功能模块。合同管理系统功能框架如图 8-7 所示。

8.2.1　首页

合同管理系统首页包含待我处理、待我签署、我的发起、我的草稿和

图 8－7　合同管理系统功能框架

我的合同。合同管理系统首页基于一站式首页的原则，直观展示用户需要查看和操作的数据或入口，帮助用户高效快捷定位到其所需要的功能。在待我处理中，合同管理系统可以和第三方平台实现多系统集成，协同处理合同。合同管理系统首页如图 8－8 所示。

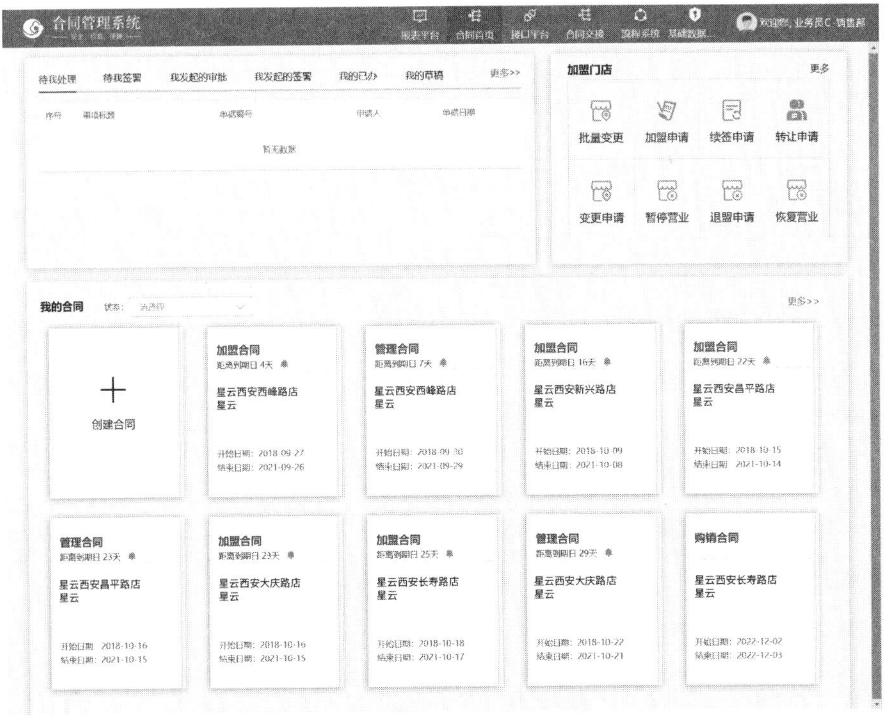

图 8－8　合同管理系统首页

数字化时代的控制矩阵——预算&合同

8.2.2 合同管理

合同管理包括合同模板、合同起草、合同签署及生效、合同变更、合同交接及合同关闭等基础功能。

（1）合同模板

合同管理员可以上传、下载、更新或删除合同模板，合同模板可与对应的合同起草表单建立对应关系，自动生成电子合同。合同模板如图 8－9 所示。

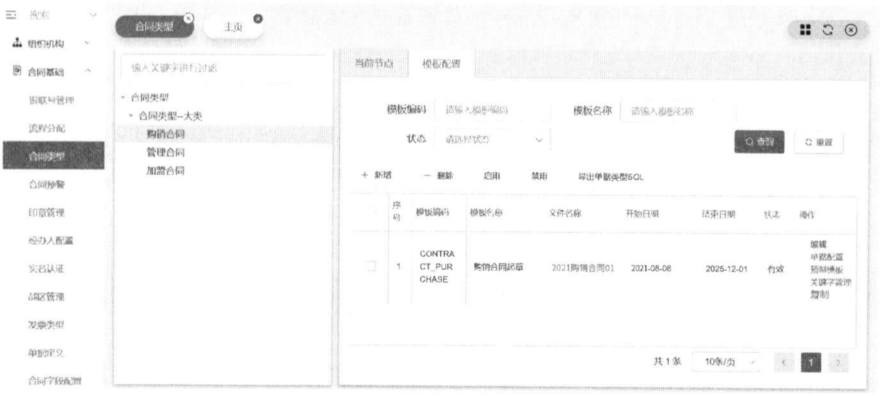

图 8－9　合同模板

（2）合同起草

合同起草包括电子合同起草和纸质合同起草。电子合同起草支持依据所选合同类型对应的合同模板自动生成电子合同文本。合同起草时用户可以同时发起多份关联合同的起草，履行相同的合同审批流程。合同起草如图 8－10 所示。

（3）合同签署及生效

合同起草审批通过后，合同状态变更为“待签署”状态，合同经办人可对待签署状态的合同发起合同签订流程。若为线下签订，合同经办人需上传双方均已签署的合同文本影像信息后，合同才可生效；若为线上签订，则履行电子合同签署流程，系统支持集成第三方电子合同签署服务，待电子合同所有签署方全部完成线上签署后，合同生效。合同签署如图 8－11 所示。

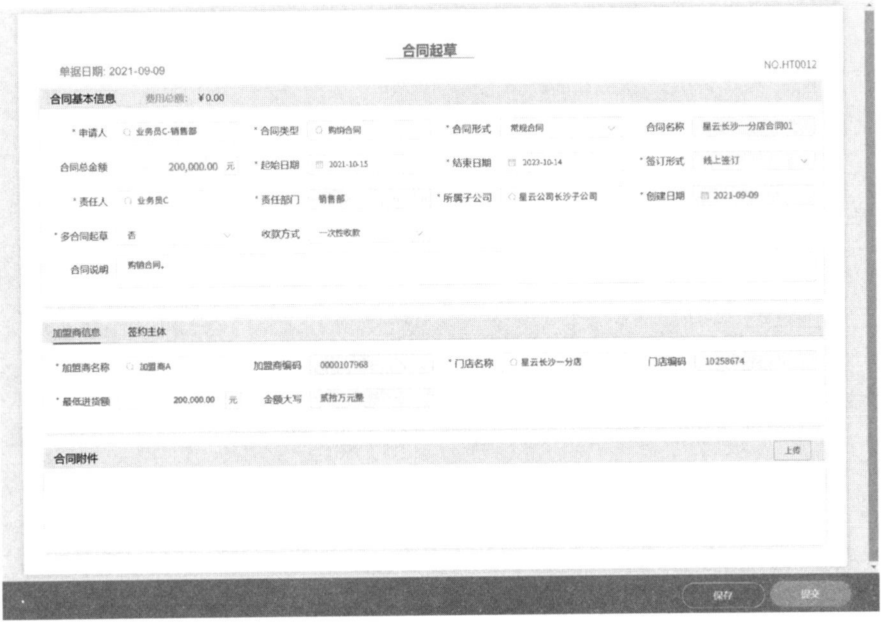

图 8 – 10　合同起草

图 8 – 11　合同签署

(4) 合同变更

合同经办人可在合同管理系统发起合同变更流程。原合同表单中的相关信息自动同步至合同变更界面，系统允许手动修改部分字段信息。合同变更如图 8 – 12 所示。

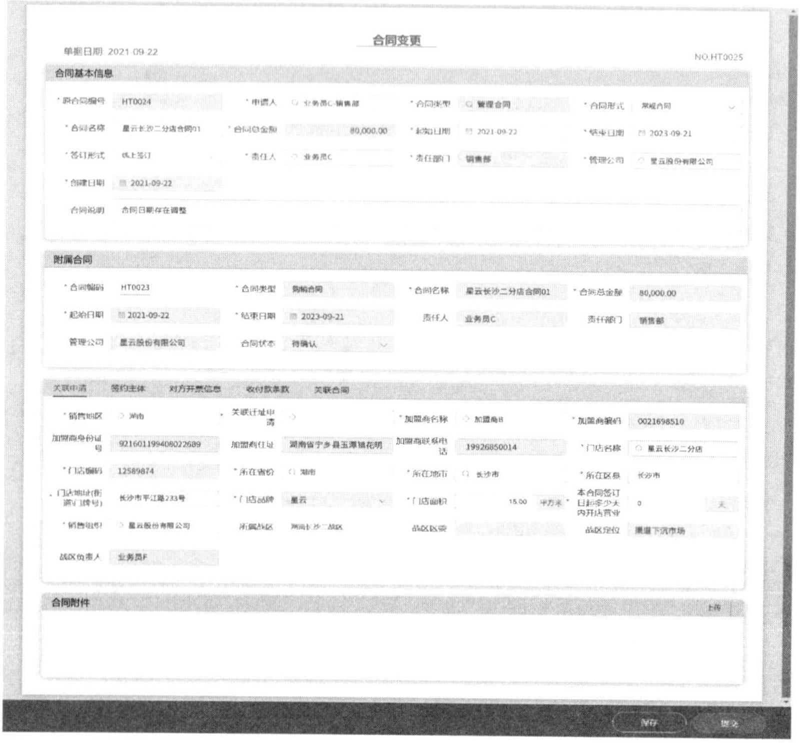

图 8 - 12　合同变更

（5）合同交接

合同经办人可将自己管理的合同移交至新的合同经办人名下，移交后，系统自动设置权限隔离，系统中的合同对原合同经办人不可见。合同交接如图 8 - 13 所示。

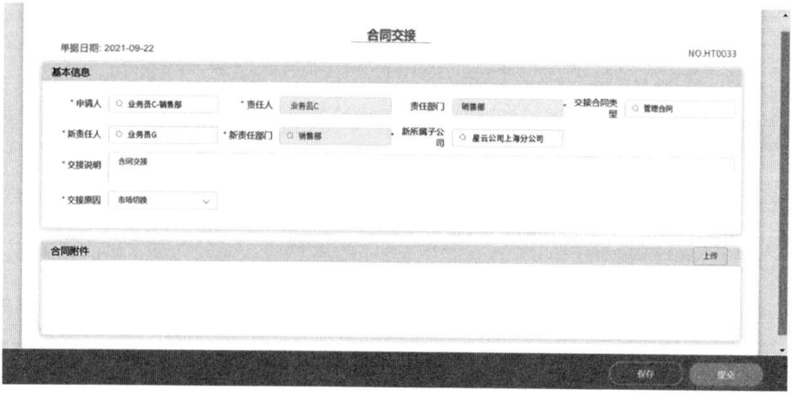

图 8 - 13　合同交接

（6）合同关闭

合同关闭分为两种情况，一种是合同履行完毕后正常关闭，另一种是双方达成解除合同的协议后关闭合同，合同经办人发起合同关闭流程，经过相关领导审批后，合同状态可变更为已关闭。合同关闭如图 8－14 所示。

图 8－14　合同关闭

8.2.3　合同查询

合同查询包括单据状态报表查询与合同报表查询，系统提供多种维度及维度组合查询条件，帮助用户随时获取合同的各项信息。单据状态报表以列表形式展示合同单据类型、提单人、单据日期和审批状态等信息；合同报表以列表形式展示合同名称、合同编号、合同类型、合同期限等信息，系统支持用户查看合同收付款信息、授权信息等详情。合同报表如图 8－15 所示。

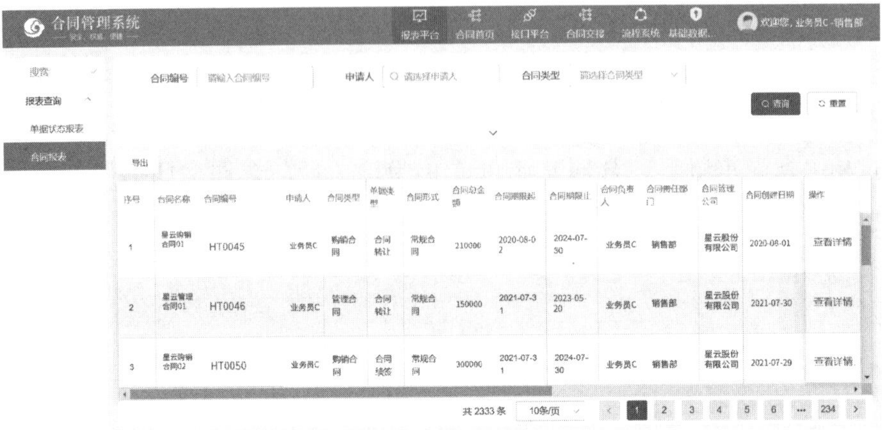

图 8-15　合同报表查询

8.3　合同管理系统配置

企业在使用合同管理系统之前，需要完成合同基础数据的维护与管理。系统设置基础管理平台，用户可在基础管理平台维护及管理银联号、审批流程、合同类型、合同预警等合同基础信息。

8.3.1　银联号管理

银联号管理支持维护企业及外部签署主体的银行账号，用于起草各类型合同时填写合同各方的收付款账号。银联号配置如图 8-16 所示。

图 8-16　银联号配置

8.3.2　流程分配

合同管理过程中涉及多个审批流程，如合同起草审批流程、合同转让审批流程等。用户可将配置好的流程模板分配至适用的单据类型及合同类型。流程分配如图 8－17 所示。

图 8－17　流程分配

8.3.3　合同类型

系统支持新增及修改合同大类与下设合同类型，每一类型的合同均可设置其签订方式及相应模板，合同起草时用户可根据合同类型选择相应模板。合同类型配置如图 8－18 所示。

图 8－18　合同类型配置

8.3.4 合同预警

系统支持设置各类型合同到期预警及预警天数。当合同经办人负责的合同触发相关规则时，合同管理系统首页会优先列示该合同。合同预警设置如图 8－19 所示。

图 8－19　合同预警设置

8.3.5 印章管理

系统支持上传印章文件，设置印章名称、类型、来源、公司、用印权限人及所属员工等，系统同时支持修改印章颜色及样式，用于合同线上签署。印章管理如图 8－20 所示。

图 8－20　印章管理

8.3.6　经办人配置

系统支持维护各签署主体下各合同类型的经办人，拥有合同经办人权限的用户可发起并管理相应合同；无经办人权限的用户，不可发起或管理合同。经办人配置如图 8－21 所示。

图 8－21　经办人配置

8.3.7　实名认证

实名认证模块支持根据企业管理需求在系统中进行个人认证或企业认证，采集个人或企业身份信息，进行手机、银行卡认证及人脸识别获取等操作，保证企业合同管理安全。实名认证如图 8－22 所示。

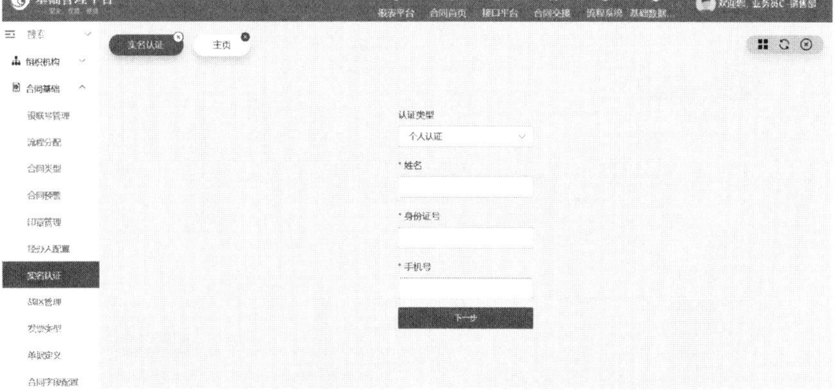

图 8－22　实名认证

8.3.8 发票类型

系统支持维护发票类型及税率信息。合同经办人在起草合同时选择发票类型，系统可自动关联该发票类型对应的税率。发票类型配置如图 8 -23 所示。

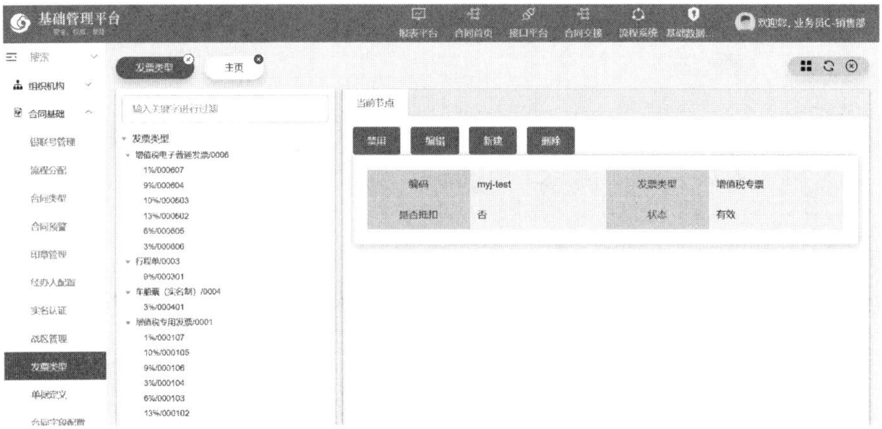

图 8 -23　发票类型配置

8.3.9 单据定义

系统支持合同变更申请单、合同续签申请单等单据定义配置，配置完成后即可生成单据模板。单据定义配置如图 8 -24 所示。

图 8 -24　单据定义配置

8.3.10　合同字段配置

系统支持对合同表单各区域中所包含的字段名称、编码、类型等进行维护与新增。合同字段配置如图8-25所示。

图8-25　合同字段配置

8.3.11　合同预设数据源

上文提到的合同字段中，部分字段值由用户手动输入，另一部分字段值通过数据源同步。在合同起草时，通过数据源获取并自动生成的字段在配置时需要填写数据源，用户可在系统中维护数据源信息。合同预设数据源配置如图8-26所示。

图8-26　合同预设数据源配置

本章小结

合同管理系统是对集团合同进行统一管控，实现合同从起草、审批、签署、执行、变更、中止直至关闭的全生命周期管理的合同管理操作平台。作为企业信息系统平台中的重要一环，合同管理系统可以帮助企业搭建起完善的合同管理体系，实现降本增效、防控风险及支持企业经营决策的目标。合同管理系统包括首页、合同管理、合同查询、系统配置等多个功能模块，使得企业合同管理更加规范、全面实现合同线上签署、实时跟踪合同执行进度、多维度查询合同报表。

本章关键词

合同管理现状　合同管理系统　规范管理　降本增效　防控风险　支持决策

本章练习题

一、选择题

1. 下列选项中，属于合同管理发展趋势的有（　　）。

A. 由合同电子化向智能化转变

B. 由人工线下管理向全自动化管理转变

C. 由公司内部合规向外部赋能延伸

D. 由流程驱动向数据驱动转化

2. 合同管理系统通过首页、合同管理、合同查询等多个模块的设计，帮助企业提高合同管理规范性，实现了（　　）等功能。

A. 合同线上签署

B. 实时跟踪合同执行进度

C. 预算计划控制

D. 多维度查询合同报表

3. 下列选项中，属于合同管理系统可以实现的功能有（　　）。

A. 合同作废　　B. 合同中止

C. 合同预算执行　　D. 质保金管理

4. 下列选项中，属于合同管理系统首页的有（　　）。

A. 待我处理　　B. 合同归档

C. 合同中止　　D. 我的合同

5. 合同起草审批通过以后，合同状态变更为（　　）状态。

A. 待审批　　B. 待归档

C. 待签署　　D. 待上传

二、判断题

1. 企业财务信息系统分为四个层次，分别是业务层、核算层、管理层以及决策层，合同管理系统处于核算层。（　　）

2. 在合同变更过程中，系统可以自动生成原合同表单中的相关信息，并允许手动修改部分字段信息。（　　）

3. 合同管理系统支持同时发起多份关联合同的起草，但是需要履行不同的合同审批流程。（　　）

4. 纸质合同签署完毕后，合同印章管理岗需要将合同相关文件的影像信息上传至系统。（　　）

5. 合同管理系统的建设，不仅仅是上线一套系统，而应该是成为一体化的、信息资源充分共享的、满足企业经营管理需求的合同管理支撑系统。（　　）

三、思考题

1. 企业在合同管理过程中通常存在哪些问题?

2. 合同管理系统的建设目标是什么?

3. 合同管理系统可以实现哪些功能?

第 9 章　合同结算

学习目标

本章首先介绍了合同结算的基本概念，其次说明了合同结算的流程，包括收款流程和付款流程，最后阐述了合同结算与财务管理的关系。

通过本章的学习，应掌握：

◇　合同结算基本概念及流程

◇　合同结算与预算管理的关系

◇　合同结算与资金管理的关系

知识结构图（见图 9－1）

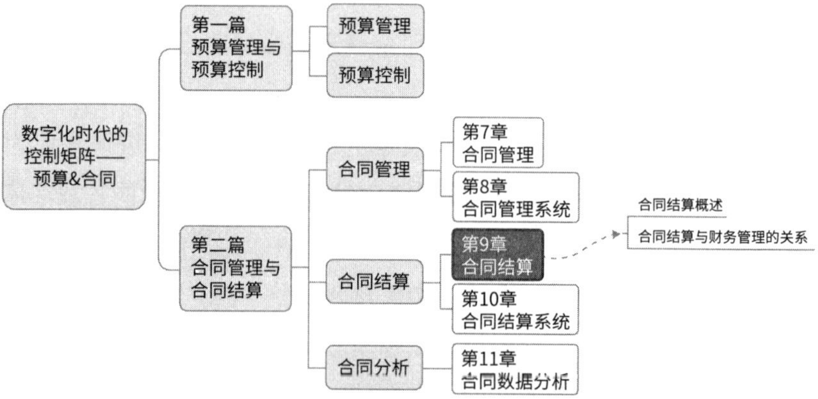

图 9－1　第 9 章框架导图

9.1　合同结算概述

合同结算是合同管理中重要的一环，一般是指合同收款与付款的结算过程。合同结算细化了合同结算账款的时间节点，不仅可以确保企业按时守信、维护企业信用，同时可以帮助企业充分利用资金、降低合同执行风险。

9.1.1　合同结算收款流程

合同收款是项目达到合同收入条件后，依照管理职责和合同约定，向合同相对方（如采购方、客户等）收取合同款项的过程。合同结算收款流程如图 9－2 所示。

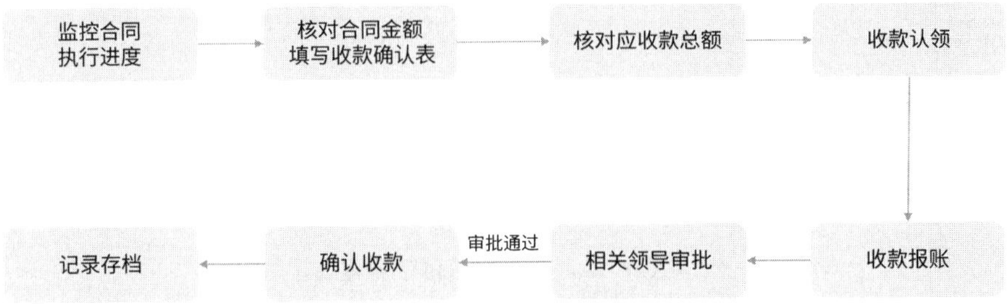

图 9－2　合同结算收款流程

合同结算收款流程具体包括以下环节：

➢　合同管理部门实时监控合同执行进度，达到约定收款时间后，及时通知合同相对方提交开票信息。对于延期收款的情况，合同管理部门应采用适当形式进行说明。

➢　达到约定收款时间后，财务人员统计合同金额并进行核对，业务部门填写收款确认表。

➢　业务部门在发起报账前，财务人员需要核对收款确认表上的应收款总金额。

➢　合同金额和应收款总金额核对无误后，财务部门在收款认领平台进行银行流水或汇票流水的认领。

➢ 收款认领结束后，业务人员在报账系统中填写收款类单据。

➢ 依据审批流程，公司相关领导逐级进行审批。

➢ 相关领导审批通过后，财务部门进行收款核销应收、登记预收、收款入账等操作。

➢ 财务部门在电子档案系统对收款信息和凭证进行记录存档。

9.1.2 合同结算付款流程

合同付款是项目达到合同付款条件后，依照合同约定，向合同相对方（如供货商、集成商、勘察设计单位、施工单位、监理单位等）支付合同款项的过程。合同结算付款流程如图 9 – 3 所示。

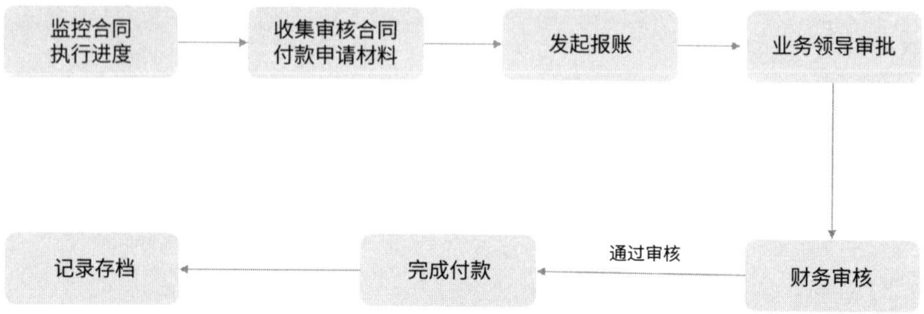

图 9 –3 合同结算付款流程

合同结算付款流程具体包括以下环节：

➢ 合同管理部门实时监控合同执行进度，达到约定付款时间后，及时通知合同相对方提交付款申请材料。对于延期付款的情况，业务部门应采用适当形式进行说明。

➢ 达到约定付款时间后，合同管理部门收集合同相对方提供的发票、付款申请书等付款申请材料并进行审核。合同管理部门在审核付款材料时，需重点针对以下风险点进行审核：合同约定交付物是否已交付；对方是否严格履行合同各项约定条款，是否存在违约情况；对方提交的付款资料是否完整、准确，提交的公司名称、银行账户信息、付款金额等数据是否与合同一致等。

➢ 业务部门在发起报账前，判断合同是否达到付款条件，如合同金额是否在项目额度内、付款金额是否在合同金额内等，若达到付款条件，业务人员根据需求在费用报销系统中发起报账单（如日常费用报账单）/付款单（如对外付款单），或在业务报账系统中发起报账单（如资产报账单、采购报账单）/付款单（如资产付款单、采购付款单），并向财务部门提供发票、付款申请书、合同、合同付款必要证明材料等原始凭证，如果需要相关部门会签，应完成相应的会签流程。

➢ 依据审批流程，公司相关领导逐级进行审批。

➢ 相关领导审批通过后，财务部门进行审核，审核重点包括原始凭证是否齐全、付款申请账户与合同约定账户是否一致等，审核通过后，完成款项支付。

➢ 财务部门在电子档案系统对付款信息和凭证进行记录存档。

【延伸阅读1】

科研合同结算流程

科研合同是企业作为科研项目负责人，以企业名义与其他高校、科研院所签订的设立、变更、终止科研工作权利义务关系的合同。科研合同结算业务流程主要分为合同签订、合同备案、合同支付、合同结余资金管理四个环节。

➢ 合同签订

企业科研项目承担部门与合同相对方签订合同前，财务部门需就合同条款中涉及的金额、支付方式等条款进行审核，审核通过后，方可完成合同签订流程。

➢ 合同备案

企业科研项目承担部门将正式合同提交至企业财务部门进行扫描录入备案，作为办理科研合同资金支付的依据。

➢ 合同支付

企业科研项目承担部门依据合同约定提交付款申请，财务部门按照企业规定履行审批手续，办理合同的支付。在这个过程中，财务部门要严格执行预算，实行节点审查和里程碑付款。

➢ 合同结余资金管理

合同执行完毕后，财务部门对结余资金按照规定进行处理。科研项目完成任务目标并一次性通过验收的，结余资金及利息按规定留归企业科研项目承担部门使用，统筹安排用于科研活动的直接支出。未一次性验收通过以及撤销、中止的项目，按规定收回结余资金、利息或追回全部项目资金。

【延伸阅读 2】

工程合同结算流程

工程合同是企业与合同相对方签订的包括工程相关的各类勘察、设计、施工、监理和咨询等明确双方权利和义务的合同。工程合同结算业务流程主要分为合同签订、合同备案、合同支付、合同结余资金管理、质保金支付五个环节。

➢ 合同签订

企业工程管理部门与合同相对方签订合同前，财务部门需就合同条款中涉及的金额、支付方式等条款进行审核，审核通过后，方可完成合同签订流程。

➢ 合同备案

企业工程管理部门将正式合同提交至财务部门进行扫描录入备案，作为办理工程合同资金支付的依据。

➢ 合同支付

企业工程管理部门依据合同约定，提交付款申请，财务部门按照审批流程执行审批手续，办理合同支付。在此过程中，财务部门要严格控制建设成本的范围、标准和支出责任，不符合条件的支出不得列入项目建设成本，并严格按照合同约定和工程价款结算程序支付工程款。

➢ 合同结余资金管理

合同执行完成后，企业工程管理部门编制项目竣工财务决算，交由财务部门进行审核，并对合同结余资金按规定进行处理。经营性项目结余资金，转入单位的相关资产；非经营性项目结余资金，首先用于归还项目贷款，如有结余，并且项目资金来源属于财政资金的部分，则按照有关规定收回财政。

➢ 质保金支付

对于工程合同履约保证金、安全风险保证金以及劳务工权益保证金，在各自质保期满后由企业工程项目承担部门提交质保金支付申请，财务部门按照规定履行审批手续并支付。

9.2　合同结算与财务管理的关系

9.2.1　合同结算与预算管理

全面预算管理是对企业战略的承接，合同结算通过与全面预算管理的有机协同，实现预算管理由静态向动态的转变，帮助企业合理调配资源，推进企业战略目标落地。

预算管理对合同结算具有重要影响，预算管理可以通过合同的起草、签订以及执行对企业资源进行时间、额度、实现方式等方面的调配，以满足全面预算管理的需求。

具体来讲，合同结算的收入、收款及付款数目在一定程度上会影响企业对下一阶段预算的编制。业务部门严格按照合同出具次月收入预测表，财务部门审查各业务部门的收入预测表及合同履行情况表，按月度进行分析。针对未按期实现收入的业务部门，财务部门根据实际情况采取预警、缩紧次季度预算资源等方式进行管控。通过日常管控与月度分析相结合的方式，企业可以对预算执行情况进行全面控制，保障合同履行及效益实现；同时，每一笔合同结算的付款支出都在企业整体的预算控制下进行，若业务部门合同结算付款支出超出当月预算，需严格执行预算超支审批流程，确保企业每一笔支出均有源可溯，保障企业预算管理目标实现。

9.2.2　合同结算与资金管理

资金贯穿企业经营的全过程，是企业的血液循环系统，对企业的生存发展具有举足轻重的作用。企业资金管理需要实现资金可视、可控、可调、可回四大目标。资金可视是指管理层实时了解资金的状况，如账户情况、资金余额、资金流向等；资金可控是指通过统一的流程和标准，借助信息系统，保证资金支付数据全流程不落地，支付安全准确；资金可调是指通过资金管理工具，做好集团内部资金的调拨计划；资金可回是指资金回路管理，保证各个分支机构资金高效回流。

完善、科学的合同结算体系能够帮助企业加强对资金的监管，将资金管理与企业实际业务紧密结合在一起。通过对合同关键节点的精准定位和识别，提示业务人员及时进行收付款操作，帮助企业及时回笼资金，减少应收款项，提高资金运转效率；在合同约定时间内及时结清应付款项，帮助企业规避业务纠纷和法律风险。在加强对合同资金识别的基础上，合同结算与预算管理相结合，可以提高资金计划的准确性，帮助企业合理安排收付款行为，适时进行融资与投资操作，做出最利于企业长远发展的投融资安排，降低企业融资成本，提高企业投资收益①。

本章小结

合同结算一般是指合同收款与付款的结算过程，是合同管理中重要的一环。合同结算对企业预算管理、资金管理均有着非常重要的意义。预算管理可以通过合同的起草、签订以及执行对企业资源进行时间、额度、实现方式等方面的调配，以满足全面预算管理的需求；完善的合同结算体系可以帮助企业加强对资金的监管，降低企业资金风险，提高企业收益。

本章关键词

合同结算　合同结算收款流程　合同结算付款流程　预算管理　资金管理

① 王晓楠．构建以合同管理为核心的企业财务管理框架体系［J］．中国商论，2019-07-02.

本章练习题

一、选择题

1. 下列选项中，合同结算为企业合同管理带来的意义有（　　）。

A. 维护企业信用

B. 帮助企业充分利用资金

C. 降低合同执行风险

D. 合同签署全面线上化

2. 在合同结算收款流程中，合同金额与应收款总金额核对无误后，应该进行（　　）操作。

A. 确认收款　　B. 收款认领

C. 收款报账　　D. 记录存档

3. 在合同结算付款流程中，付款申请材料审核完毕后，应该进行（　　）操作。

A. 发起报账　　B. 业务领导审批

C. 财务领导审批　　D. 记录存档

4. 工程合同的结算业务流程与科研合同的结算流程的主要差异在于（　　）环节。

A. 合同签订　　B. 合同备案

C. 合同支付　　D. 质保金支付

5. 下列选项中，属于企业资金管理目标的有（　　）。

A. 可视　　B. 可调

C. 可回　　D. 可付

二、判断题

1. 合同结算是合同签订后针对合同中有关收付款内容的具体执行，可以帮助企业实现资源的合理调配。（　　）

2. 从管理层级上看，全面预算管理略高于合同管理，合同管理从属于战略管理和全面预算管理。 (　　)

3. 在合同结算付款流程中，财务部门的审核重点包括原始凭证是否齐全、付款申请账户与合同约定账户是否一致等。 (　　)

4. 在合同结算收款流程中，合同金额与收款确认表上的应收款总金额核对无误后，财务部门才可以进行银行流水或汇票流水认领的操作。 (　　)

5. 科学的合同结算体系有助于帮助企业优化资金结构，适时进行投融资操作，提高企业投资收益。 (　　)

三、思考题

1. 请简要描述合同结算付款流程。
2. 请简要描述合同结算与资金管理的关系。

第 10 章　合同结算系统

学习目标

本章首先阐述了合同结算的现状及系统建设目标，其次展示了合同结算系统的定位及其系统流程，最后介绍了合同结算系统的基本功能及系统配置。

通过本章的学习，应掌握：

◇　合同结算系统的建设目标

◇　合同结算系统的定位与流程

◇　合同结算系统功能及配置

知识结构图（见图 10－1）

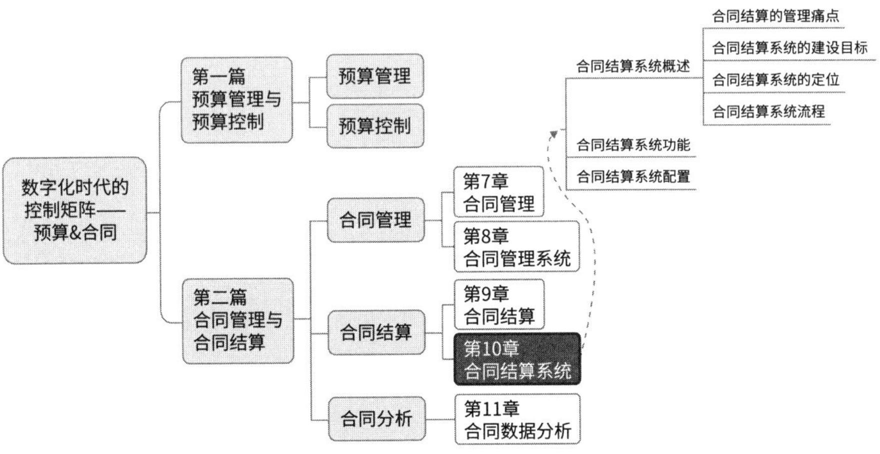

图 10－1　第 10 章框架导图

10.1　合同结算系统概述

10.1.1　合同结算的管理痛点

合同结算作为合同管理中重要的一环，在财务控制过程中发挥着至关重要的作用，但是在许多大型企业中，合同结算仍然存在合同相关系统集成度低、合同自动化程度低、合同执行效率低、合同监控不到位等问题（见图 10－2）。

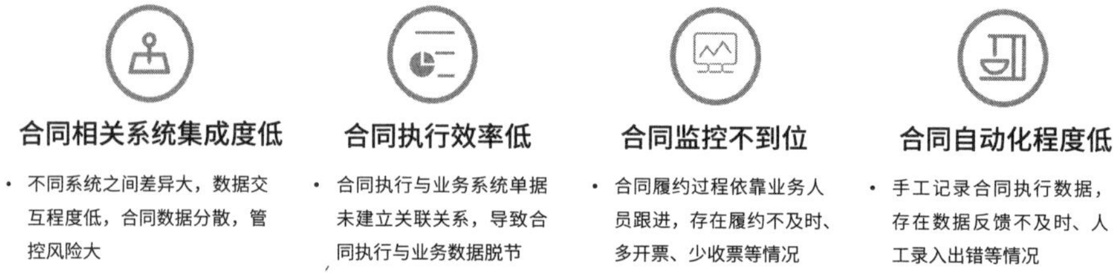

图 10－2　合同结算的管理痛点

（1）合同相关系统集成度低

企业为加强对合同的管理，往往有多个与合同管理相关的信息系统，不同系统之间的差异较大、集成度较低，合同执行数据分散，导致企业对于合同收付款过程把控不足，企业资金管控风险增加。

（2）合同执行效率低

合同结算系统与业务系统单据未建立关联关系，业务数据无法实时同步至合同结算系统，合同执行过度依赖人工跟进合同收付款计划，无法实现实时跟踪，合同执行效率低。

（3）合同监控不到位

企业针对合同履约过程缺乏统一监管部门，且未建立科学、完善的合同监管制度，存在履约不及时、多开票、少收票等合同结算异常情况，导致合同结算风险增加。

（4）合同自动化程度低

企业未充分应用自动化、智能化技术采集合同执行相关数据，仍依靠手工录入，存在合同数据滞后和人工录入出错等情况，不仅极大增加合同管理人员的工作强度，还会影响合同数据的采集质量与加工能力。

10.1.2　合同结算系统的建设目标

合同结算系统作为企业财务控制模块的重要组成部分，在集团范围内的合同履行、合同数据管理等环节承担着重要的角色。合同结算系统的建设应以企业合同履行过程有效管控为基础，实现合同执行线上管理、合同执行有效监控、业财统一管理、合同数据集中管理等目标（见图 10－3）。

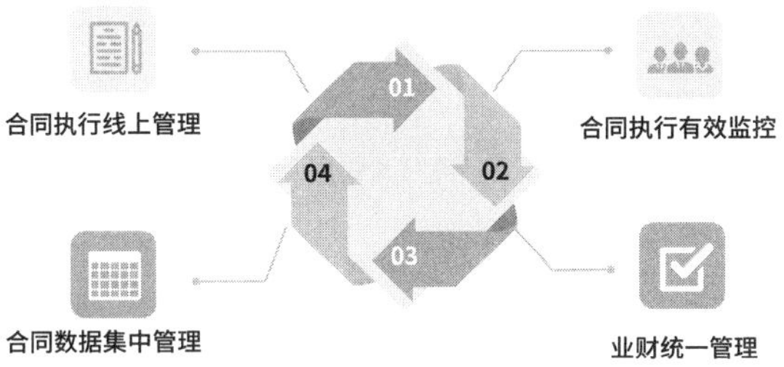

图 10－3　合同结算系统建设目标

（1）合同执行线上管理

通过合同结算系统的建设，企业可以线上实时监控合同的执行情况，有效解决线下管理滞后、效率低、成本高等问题；同时，合同结算系统还建立起了合同与业务系统单据的关联关系，并根据业务结算情况自动生成收付凭证，降低人工填写造成的误差。

（2）合同执行有效监控

通过合同结算系统的建设，企业可以实现合同执行情况的及时监控与预警、合同收付款计划的集中管理。同时，系统也可以帮助企业实时、全面地掌握合同执行过程中的资金收付、收开发票等情况，及时发现合同执行过程中的异常情况，强化合同风险管控。

（3）业财统一管理

合同结算系统可以关联合同执行与业务报账之间的关系，打通业务与财务之间的壁垒，并将报账单记录同步至合同台账，实现业财统一管理。

（4）合同数据集中管理

合同结算系统可以对外开放接口，通过对接业务报账系统、电子影像系统等多个系统，实现企业合同数据实时共享，合同数据集中化管理，为合同分析提供数据基础。

10.1.3 合同结算系统的定位

合同结算系统是企业合同及合同执行情况的统一管理平台，系统可统一管理合同的收付款计划，实时全面监控合同执行阶段的收支情况、发票进度等企业合同结算情况。

企业财务信息系统分为四个层次，分别是业务层、核算层、管理层以及决策层。合同结算系统处于核算层，与预算控制系统共同构成财务控制模块，合同结算系统与费用报销系统、业务报账系统对接，内嵌管控规则，规范企业合同执行管理，对预算进行过程控制和事后分析，保障企业业务规范可控。财务信息系统框架如图 10-4 所示。

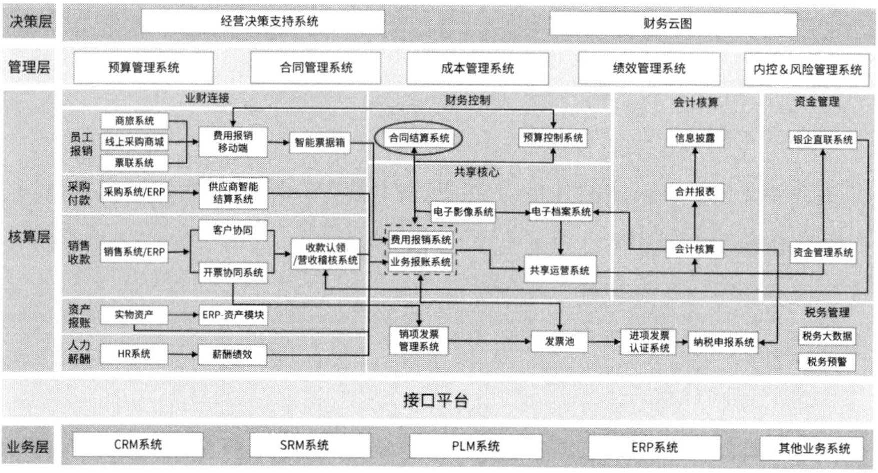

图 10-4 财务信息系统框架图

10.1.4 合同结算系统流程

合同按照收付款情况分为收款合同和付款合同，用户可在合同结算系统中根据合同款项性质的不同进行相应的管理与操作。

（1）收款类合同结算流程

在收款类合同结算流程中，合同结算系统可以实现收款类合同的开票、收入操作。业务人员在提交开票申请单、收入报账单、收款/收票报账单时，关联收款类合同发起报账，并将执行结束的合同所关联的报账单同步至台账平台中的应收台账（见图 10－5）。

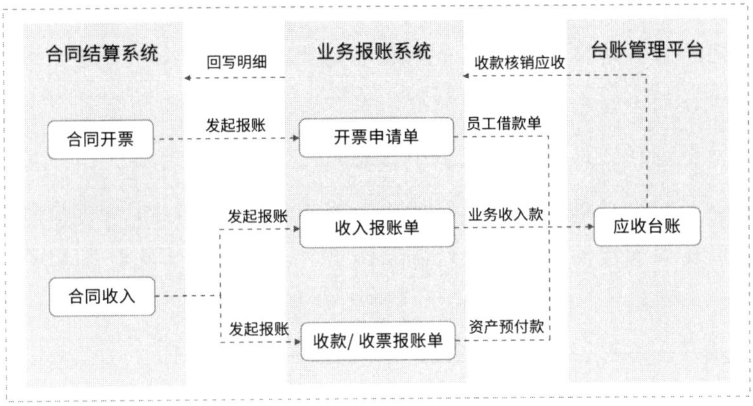

图 10－5　收款类合同结算流程

（2）付款类合同结算流程

在付款类合同结算流程中，合同结算系统可以实现付款类合同的报账、付款、预付等操作。业务人员在提交报账单（日常费用报账单、资产报账单、采购报账单）和付款单（资产预付单、采购预付单、对外预付单、对外付款单、资产付款单、采购付款单）时，关联付款类合同发起报账，并将执行结束的合同所关联的报账单同步至台账平台的应付台账、费用预提台账、待摊台账（见图 10－6）。

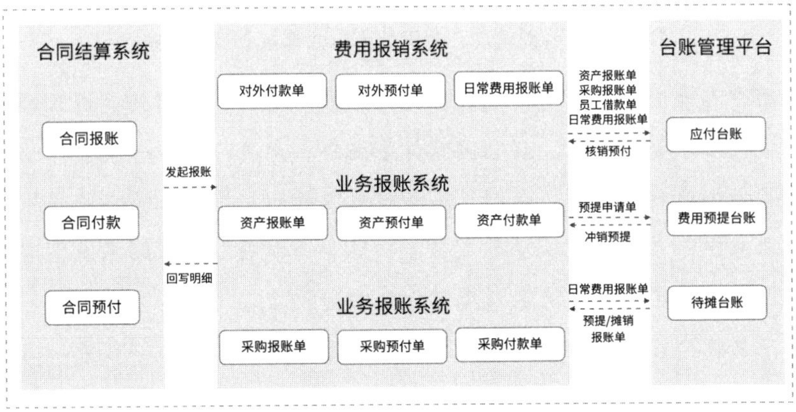

图 10－6　付款类合同结算流程

【延伸阅读】

合同管理、合同结算与共享核心系统的集成关系

合同管理系统实现了合同从起草、审批、签署直至关闭的全流程管理，合同结算系统实现了企业合同及合同执行情况的统一管理，二者作为企业实现合同全生命周期管理的有力工具，涵盖了合同从录入、签订、执行到结算全流程，该流程涉及多个信息系统的交互与对接，各个系统的数据通过不同的接口进行传递，实现了合同高效、可视、可监控的全生命周期管理。合同管理系统、合同结算系统可与共享核心系统相互集成（见图10－7）。

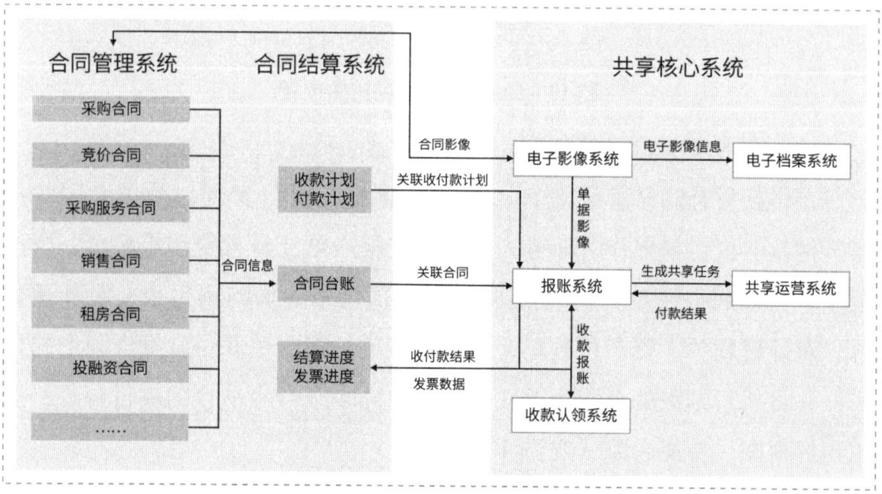

图10－7　合同管理、合同结算与共享核心系统的集成

用户在合同管理系统中完成合同的录入与签订，合同信息进入合同结算系统同步至合同台账，在合同结算系统中，用户可基于合同台账信息制定收款计划或付款计划。合同信息和收付款计划在报账系统（费用报销系统或业务报账系统）提交收款或付款报账单时被关联，报账系统需要的合同影像通过电子影像系统实现影像信息的同步。

单据提交完成后进入审核环节，共享运营系统生成共享任务。若为付款报账单，财务人员在共享运营系统审核通过后，共享运营系统向报账系统传递付款结果信息，报账系统通过接口将付款结果信息回传至合同结算

系统；若为收款报账单，报账系统与收款认领系统对接，进行收款操作，并将收款结果和发票数据通过接口回传至合同结算系统。用户可在合同结算系统查看合同结算进度和发票进度，完成合同结算流程。

10.2 合同结算系统功能

合同结算系统集中企业所有的合同台账数据，处理合同履行环节的业务，与业务系统实现合同数据与业务数据的紧密关联，帮助企业高效安排收支计划，防范管控资金风险。系统以公司部门数据、员工信息数据、用户管理数据、角色权限数据、客商管理数据、币种管理数据、项目管理数据为基础构建而成，下设多个功能模块，包括首页、合同管理、合同收付款、合同查询、外部接口等。合同结算系统功能框架如图10－8所示。

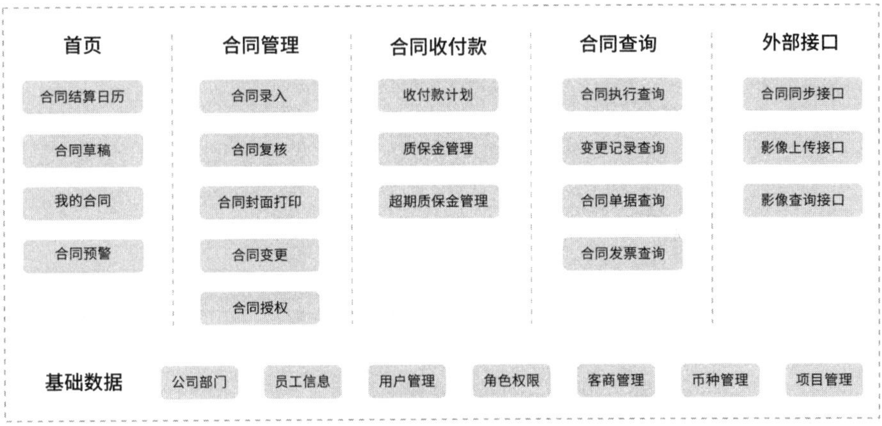

图10－8 合同结算系统功能框架

10.2.1 首页

合同结算系统首页包含合同结算日历、合同草稿、我的合同、常用入口（合同管理、合同执行）。合同结算系统首页基于一站式首页原则，直观展示用户需要查看和操作的数据或入口，方便用户高效快捷定位所需功能。合同结算系统首页如图10－9所示。

图 10 - 9　合同结算系统首页

(1) 合同结算日历

系统以日历形式直观展示当年、当月待结算情况，包括待收款、待付款、本年累计待收款、本年累计待付款，可切换年月灵活查询，同时支持穿透查询收付款计划详情。合同结算日历界面如图 10 - 9 所示。

(2) 合同草稿

系统按合同类型展示合同草稿及已驳回合同基本信息，用户可删除或编辑合同草稿。合同草稿界面如图 10 - 10 所示。

图 10 - 10　合同草稿界面

(3) 我的合同

合同结算系统按合同类型展示当前用户权限范围内的合同基本信息，

数字化时代的控制矩阵——预算&合同

实时跟踪合同状态，统计当前状态合同总数、合同总金额、已完成合同的数量、未完成合同的数量、未结算金额等，清晰展示合同总体情况，方便用户查询。

用户可新建合同并查看当前录入的所有合同信息，系统支持多维度复合查询和导出；用户可直接进入对应合同，进行信息变更。

（4）合同管理

系统提供合同管理操作入口，包括合同录入、合同复核、我的合同查询等。

（5）合同执行

系统提供合同执行操作入口，包括收付款计划管理、质保金管理、超期质保金管理、合同执行查询等。

10.2.2　合同管理

合同管理主要为用户提供合同录入、合同复核、合同封面打印、合同变更、合同授权五个功能入口，支持合同从新建、审批到生效的全流程管理。其中，合同录入时填写的客商类型、收付款计划等信息可自动关联合同执行时的收付款计划管理、质保金管理和超期质保金管理。

（1）合同录入

若合同结算系统未对接合同管理系统，用户可直接录入合同，填写合同基本信息，灵活设置控制方式，系统自动汇总结算金额及剩余金额。同时，用户可设置合同范围以限制他人关联，支持根据编号自动匹配影像和合同。合同录入界面如图 10－11 所示。

若合同结算系统已对接合同管理系统，则合同管理系统中已生效的合同信息可同步至合同结算系统；若合同管理系统合同信息不完整，可由经办人补充完善合同信息后再提交。

（2）合同复核

合同复核通常由业务财务进行。合同复核入口标识待复核合同数量，提醒审核人员及时处理。系统支持按合同名称、合同编码、合同类型、创建时间、核算主体等多条件查询，并支持穿透查看单据详情。用户可进行

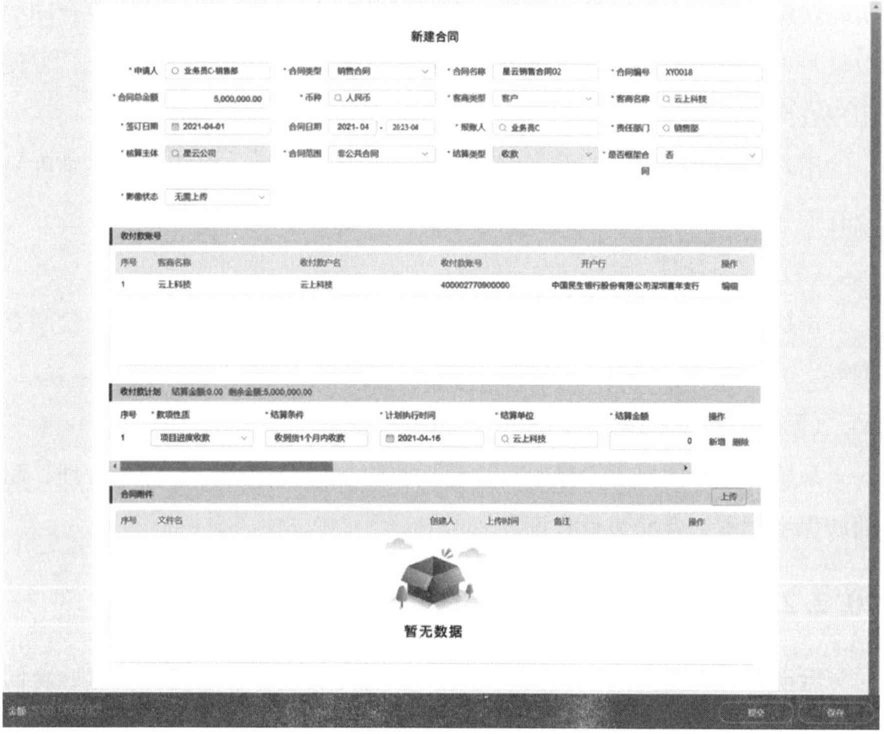

图 10 - 11　合同录入界面

同意或拒绝快捷审批。合同已复核、待复核界面如图 10 - 12、图 10 - 13 所示。

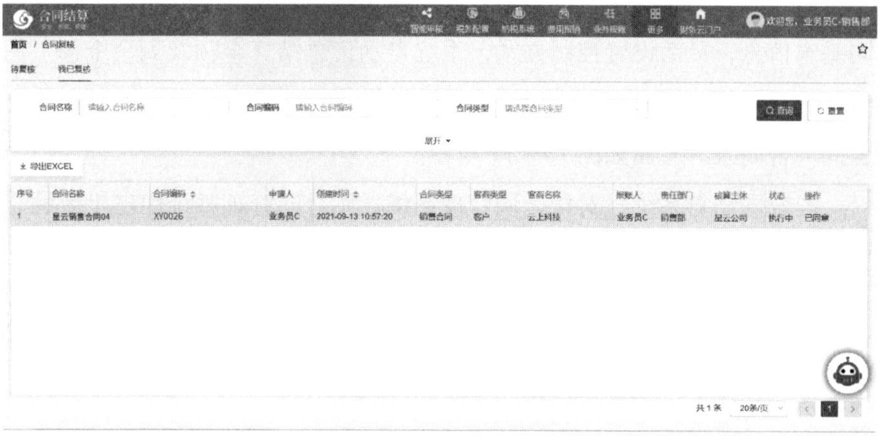

图 10 - 12　合同已复核界面

图10－13　合同待复核界面

10.2.3　合同收付款

系统提供合同收付款计划管理、质保金管理、超期质保金管理等功能入口。系统将合同分为收款合同和付款合同，收款合同的客商类型是客户，款项性质主要包含质保金收款、收付款、收款进度款、验收款等项；付款合同的客商类型是供应商，款项性质主要包含质保金付款、预付款、付款进度款等项。收付款合同的款项性质可根据企业实际情况进行调整。

（1）收付款计划管理

合同结算系统提供当前用户权限范围内所有执行中/已完成合同的收付款计划基本信息，实时跟踪计划执行状态，支持查询与导出，可修改计划执行时间、手动关闭收付款计划，已关闭计划可查看关闭详情。收付款计划管理界面如图10－14所示。

（2）质保金管理

质量保证金是用以保证完工或服务质量的资金。提供服务的企业根据客户的要求，将部分质保金款项保留在客户处，客户根据完工情况在约定的质保金执行时间返还；采购货物/服务的企业会扣留一部分供应商的应收款项作为质保金，在约定的质保金执行时间将质保金款项返还给供应商。

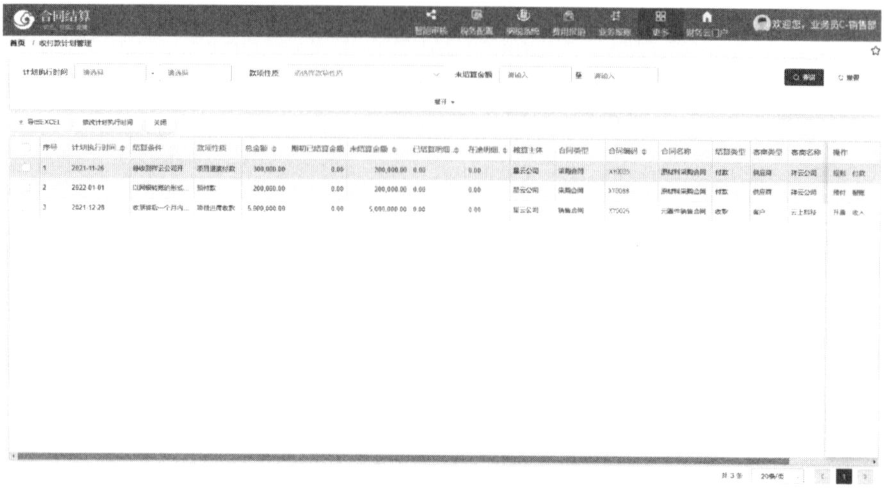

图 10－14　收付款计划管理

用户可在合同结算系统对所有未超期质保金收款、付款计划进行列表分析，实时跟踪质保金执行情况。质保金管理界面如图 10－15 所示。

图 10－15　质保金管理

（3）超期质保金管理

合同结算系统支持在超期质保金管理界面进行超期预警提示。系统支持展示所有已超期质保金收付款计划列表，用户可及时处理超期质保金。超期质保金管理界面如图 10－16 所示。

图 10-16　超期质保金管理

10.3　合同结算系统配置

为确保相关责任人可正常使用合同结算系统，系统管理员需将使用权限分配给对应的合同管理人员以及集团管理层。

系统管理员可新建“合同管理人员”系统角色（见图 10-17）。

图 10-17　新建“合同管理人员”系统角色

同时，系统管理员可为合同管理人员分配角色资源及用户（见图 10-18、图 10-19）。

图 10 - 18 分配“合同结算”角色资源

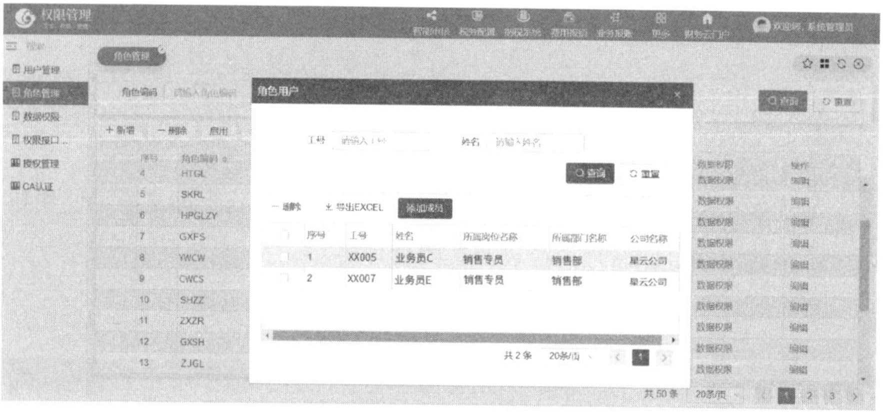

图 10 - 19 分配“合同结算”角色用户

本章小结

合同结算系统是企业合同及合同执行情况的统一管理平台。作为企业财务控制模块的重要组成部分，合同结算系统可以帮助企业实现合同执行线上管理、合同执行有效监控、业财统一管理及合同数据集中管理等目标。合同结算系统包括首页、合同管理、合同收付款、合同查询等多个功能模块，实现对企业所有合同台账数据的集中化管理，帮助企业高效安排收支计划，防范管控资金风险。

数字化时代的控制矩阵——预算&合同

本章关键词

合同结算系统　合同执行线上管理　合同执行有效监控　业财统一管理　合同数据集中管理　收款合同　付款合同

本章练习题

一、选择题

1. 合同结算在企业财务控制过程中发挥着重要的作用，但是在许多大型企业中，合同结算仍然存在着（　　）等需要重视的问题。

A. 合同相关系统集成度低　　B. 合同自动化程度低

C. 合同监控不到位　　D. 合同执行效率低

2. 合同结算系统在企业财务信息系统中处于（　　）。

A. 业务层　　B. 核算层

C. 管理层　　D. 决策层

3. 下列选项中，属于合同结算系统可以实现的功能有（　　）。

A. 合同续签　　B. 合同执行查询

C. 合同交接　　D. 质保金管理

4. 在收款合同结算流程中，员工需要在合同结算系统中进行（　　）等相关操作。

A. 合同交接　　B. 签章管理

C. 合同开票　　D. 合同收入

5. 用户在报账系统提交的付款报账单，经财务人员审核通过后，共享运营系统向报账系统传递付款结果信息，报账系统通过接口将（　　）回传至合同结算系统。

A. 付款结果　　B. 发票数据

C. 合同影像　　D. 单据信息

二、判断题

1. 合同结算系统无法对外开放接口，在合同数据集中化管理方面存在一定的局限性。（ ）

2. 合同结算系统可以帮助企业建立起合同与业务系统单据的关联关系，并根据业务结算情况自动生成收付凭证，降低误差。（ ）

3. 合同结算系统处于企业财务信息系统框架中的核算层，与预算控制系统共同构成财务控制模块。（ ）

4. 用户在合同结算系统中进行合同的录入和签订，并基于合同台账信息制定收款计划或付款计划。（ ）

5. 合同结算系统首页基于一站式首页原则，直观展示了用户需要查看和操作的入口，方便用户高效快捷定位其所需功能。（ ）

三、思考题

1. 通过合同结算系统的建设，企业可以实现合同管理的哪些目标？
2. 合同结算系统在企业财务信息系统中处于什么样的位置？
3. 请简要介绍合同结算系统具备的功能。

第 11 章 合同数据分析

学习目标

本章首先介绍了企业为什么要进行合同数据分析以及合同数据分析的流程，其次详细阐述了合同数据来源的三个方面，最后介绍了合同分析云图的含义，并举例展示了三类较为典型的合同分析云图。

通过本章的学习，应掌握：

◇ 合同数据分析的流程

◇ 合同数据的来源

◇ 合同分析云图的设计与应用

知识结构图（见图 11 - 1）

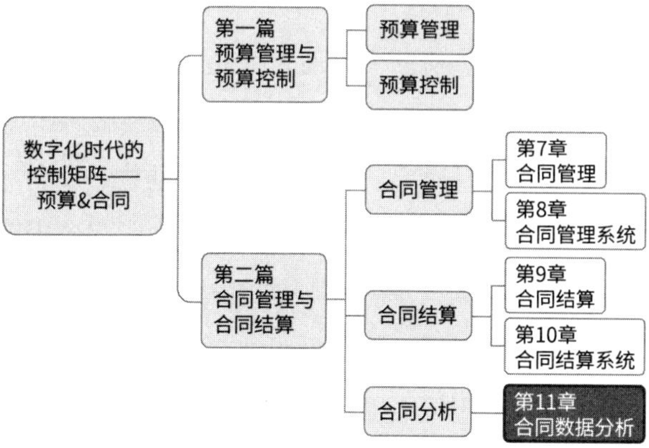

图 11 - 1 第 11 章框架导图

合同是企业经济往来的重要载体，关联了企业内部以及外部海量的数据，通过人工智能、大数据等技术对合同以及合同关联企业经营的相关数据进行分析，企业可以获得数字化合同带来的巨大价值。

企业在分析合同数据时，首先应该采集合同全口径数据，实现对企业经营数据的有效汇集，在获取合同内外关联数据的基础上，搭建模型，确定指标，最后通过可视化图表展现企业合同全景图，实现合同指标监控实时化、合同风险预警自动化，辅助企业经营决策（见图 11－2）。

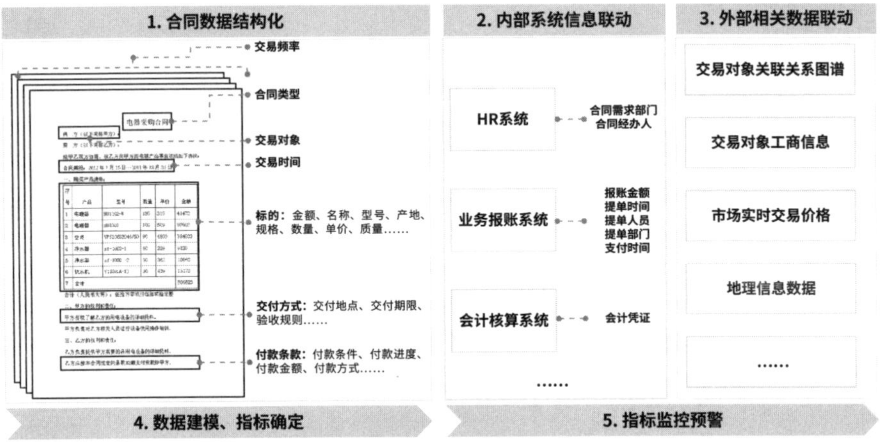

图 11－2　合同数据分析流程

（1）合同数据来源

合同相关数据的来源包括三个方面，一是采用 OCR（光学字符识别）或 NLP（自然语言处理）等智能识别技术采集纸质合同结构化信息，例如交易频率、合同类型、交易对象、交易时间、标的物、交付方式、付款条款等信息；二是通过内部合同管理系统、HR 系统、业务报账系统、会计核算系统等信息系统，获取内部数据，实现对各类合同关联数据的汇集，例如从供应商管理系统获取供应商信息明细表，从核算系统中获取会计凭证，从业务报账系统获取报账金额、提单时间、提单人员等信息；三是通过企业接口平台获取外部数据，企业可根据分析需求对接外部系统获取合同交易对象关联关系图谱、交易对象工商信息、市场实时交易价格、合同交易对象地理信息数据等不同的外部数据。

（2）合同数据指标分析

在挖掘、联动内外部数据信息的基础上，企业根据合同管理的核心诉求搭建数据模型、确定分析指标，并使用同比分析、环比分析、异常预警、关联挖掘等方法，针对关键风险指标进行定期监控和预警，发现数据规律和异常情况，为合同风险管理、合同经营预测提供有效支持。

（3）合同分析云图

合同分析云图是合同相关指标分析结果的可视化展现，汇集了合同结构化数据以及企业内外部相关信息，结合大数据分析模型及算法，动态、直观地为管理层呈现出企业合同的签订、执行等情况，帮助管理层从海量数据信息中获取真正的价值，及时洞察机会、预防风险。

企业不同层级的管理人员对合同数据分析的需求有所不同。对于企业的高层管理人员而言，合同分析报表需要高度凝练，展示最核心的经营数据，且支持联动、钻取等功能；对于企业的中层管理人员而言，合同分析报表需要展示相对明细的表格数据及不同维度的动态图表分析，且支持导出 Excel、PDF 等；对于企业的基层管理人员而言，合同分析报表需要呈现与其负责业务强相关的更为明细的数据，如采购一组负责人的报表需求在于是否能够及时看到所在小组负责项目的金额、执行情况、异常情况等。本节以合同交易频率分析报表、合同交易对象分析报表以及合同交易金额分析报表为例介绍较为典型的三类合同分析云图。

合同交易频率分析云图通过对不同合同类型的交易频率、不同标的物交易频率、合同交易频率异常预警、合同交易对象累积交易频率排行等维度的分析，帮助企业实现对主要供应商或客户的深度了解，减少对单一交易对象的依赖，防范潜在风险；通过对各标的物交易频率进行分析，企业可以适时调整采购物料的需求周期，做好采购计划安排（见图 11－3）。

合同交易对象分析云图主要从各交易对象关联关系与风险事件、地理分布、年度交易额排行等维度进行分析。通过对各交易对象关联关系图谱（如股权关系、控制人关系、担保关系、交易关系等）进行分析，企业可以识别供应商之间是否存在关联关系，评估关联关系带来的风险，最大限度减少损失；通过对各交易对象近期面临的风险事件（如司法风险事件、

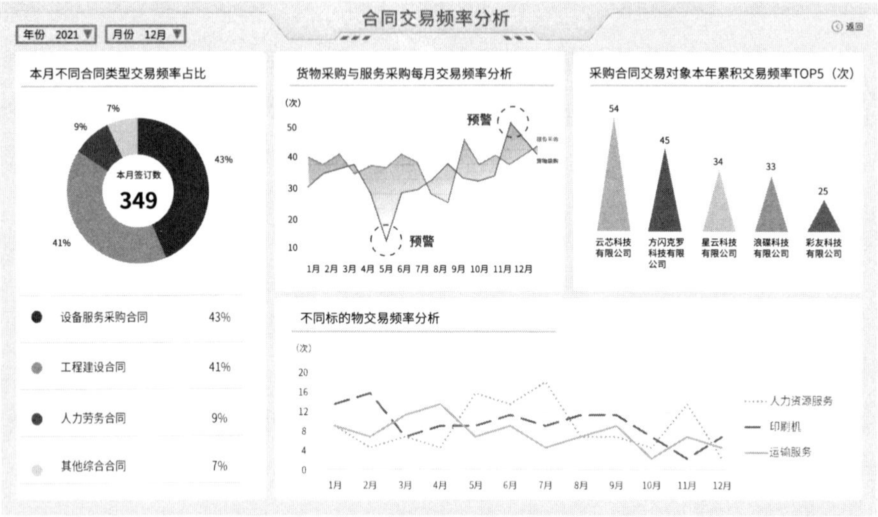

图 11－3　合同交易频率分析云图

经营风险事件、监管风险事件）进行实时预警提示，帮助企业及时识别与合同执行强相关的风险事件及对应交易对象，并采取风险应对策略；通过对交易对象地理分布及交易金额进行分析，企业可以掌握交易对象总体分布情况，识别重要客户及供应商，加强客户与供应商管理（见图 11－4）。

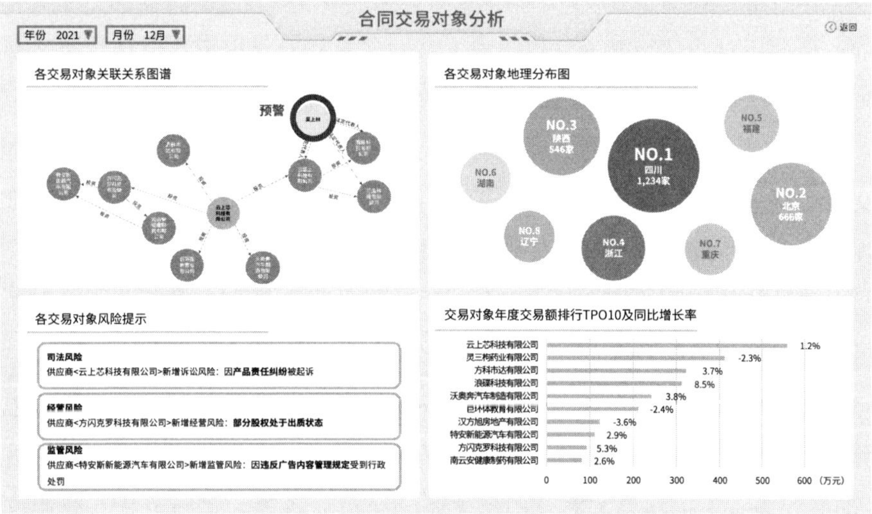

图 11－4　合同交易对象分析云图

合同交易金额分析云图则通过对不同合同类型交易金额及占比、合同付款滚动预测等维度的分析，支持企业合理制定资金计划，做好相应的资金和融资安排（见图 11－5）。

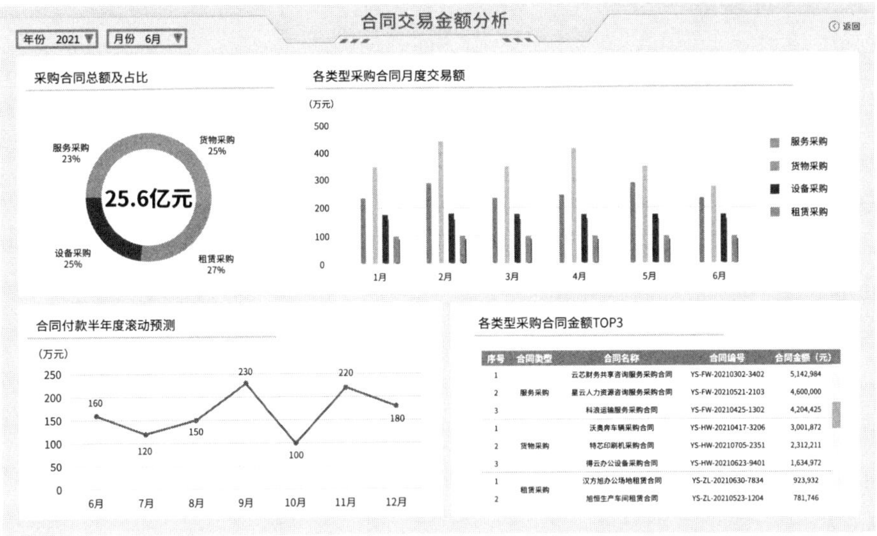

图 11－5　合同交易金额分析云图

本章小结

合同作为企业经济往来的重要载体，关联了企业内部以及外部海量的数据，企业在分析合同数据时，首先应该采集合同全口径数据，在此基础上根据需求搭建模型，确定指标，最后通过可视化图表展现企业合同全景图，实现合同指标监控实时化、合同风险预警自动化，辅助企业经营决策。

本章关键词

合同数据分析　合同数据来源　合同数据分析指标　合同分析云图　合同交易频率分析云图　合同交易对象分析云图　合同交易金额分析云图

本章练习题

一、选择题

1. 下列选项中，属于合同数据的有（　　）。

A. 交易频率　　B. 合同类型

C. 交易对象　　D. 交付方式

2. 企业在进行合同数据分析时，首先需要获取各类合同数据，合同数据来源包括（　　）等途径。

A. 合同文本　　B. 合同分析云图

C. 内部信息系统　　D. 企业接口平台

3. 企业一般采用（　　）技术采集纸质合同非结构化信息。

A. OCR 技术　　B. 智能审核技术

C. 知识图谱技术　　D. NLP 技术

4. 企业一般可以从（　　）维度对合同交易金额进行分析。

A. 各类型采购合同月度交易额　　B. 采购合同总额及占比

C. 交易对象地理分布　　D. 合同付款滚动预测数据

5. 对于交易对象的分析，通过（　　）技术可以识别企业主要供应商之间是否存在关联关系，从而评估关联关系带来的风险，最大限度减少企业损失。

A. 知识图谱　　B. NLP 技术

C. OCR 技术　　D. 财务机器人

二、判断题

1. 合同内部数据是通过内部信息系统来的，合同外部数据则主要来源于企业的接口平台。（　　）

2. 企业在进行合同数据分析时，应首先将各类合同数据进行结构化采集，然后再进行搭建模型、确定指标等其他后续操作。（　　）

3. 在合同交易频率分析报表中，通过对各合同交易对象累积交易频率进行分析，企业可以得出各标的物的需求周期及需求强度，做好采购计划安排。（　　）

4. 企业可以通过对不同类型的合同金额占比、未来一定时期合同付款滚动预测，制定未来一定时期的现金流需求。（　　）

5. 合同交易对象关联关系图谱及交易对象工商信息可以通过企业内部信息系统获取。（　　）

三、思考题

1. 请简要介绍合同数据分析的流程。

2. 企业合同数据获取的主要来源有哪些？

各章练习题参考答案

第 1 章

选择题：1. ABC　2. BCD　3. CD　4. ABCD　5. AC

判断题：1. 错　2. 对　3. 对　4. 错　5. 错

思考题答案略

第 2 章

选择题：1. ABCD　2. ABC　3. BC　4. AC　5. BCD

判断题：1. 对　2. 错　3. 错　4. 对　5. 对

思考题答案略

第 3 章

选择题：1. ACD　2. BCD　3. ABD　4. ABCD　5. ABC

判断题：1. 对　2. 对　3. 错　4. 错　5. 对

思考题答案略

第 4 章

选择题：1. BCD　2. ABCD　3. C　4. ABC　5. D

判断题：1. 对　2. 对　3. 错　4. 对　5. 错

思考题答案略

第 5 章

选择题：1. ABCD　2. B　3. ABD　4. BD　5. AC

判断题：1. 对　2. 错　3. 错　4. 对　5. 对

思考题答案略

第6章

选择题：1. ABCD　2. ACD　3. B　4. C　5. BD

判断题：1. 对　2. 对　3. 对　4. 错　5. 对

思考题答案略

第7章

选择题：1. ACD　2. ABC　3. ABC　4. D　5. B

判断题：1. 对　2. 对　3. 错　4. 错　5. 对

思考题答案略

第8章

选择题：1. ACD　2. ABD　3. ABD　4. AD　5. C

判断题：1. 错　2. 对　3. 错　4. 对　5. 对

思考题答案略

第9章

选择题：1. ABC　2. B　3. A　4. D　5. ABC

判断题：1. 对　2. 错　3. 对　4. 对　5. 对

思考题答案略

第10章

选择题：1. ABCD　2. B　3. BD　4. CD　5. A

判断题：1. 错　2. 对　3. 对　4. 错　5. 对

思考题答案略

第11章

选择题：1. ABCD　2. ACD　3. AD　4. ABD　5. A

判断题：1. 对　2. 对　3. 错　4. 对　5. 错

思考题答案略

参考文献

[1] 陈虎，孙彦丛．财务就是 IT——企业财务信息系统［M］．北京：中国财政经济出版社，2017.

[2] 中兴新云，南京大学，厦门大学．财务的自动化 智能化 数字化［R］. 2020.

[3] 陈虎，孙彦丛．管理会计信息化——财务信息化发展的必然趋势［J］．财务与会计，2015（7）：11－12.

[4] 陈虎，孙彦丛．政府机构内部控制信息化建设探索［J］．财会月刊，2020（7）：53－60.

[5] 中兴新云．郭奕：新时代下的财务智能化之路［EB/OL］. https：//mp. weixin. qq. com/s/k－ObVa4MPTz－1JWf9YKbxA

[6] 蒋坚强，郭奕，黄仁芬．人工智能助力财务智能审核［J］．财务与会计．2021（19）．

[7] 王晓楠．构建以合同管理为核心的企业财务管理框架体系［J］．中国商论，2019－07－02.

[8] 安达信．全球最佳实务数据库［R］．安达信会计师事务所，2001.

[9] David Otley. Performance management：a framework for management control systems research［J］．Management Accounting Research，1999，10（4）：363－382.

[10] 韩倩倩，潘爱玲．预算管理的理论演进与实践发展：综述及启示［J］．华东经济管理，2010，24（5）：149－152.

[11] 黄锦亮．企业预算管理的困境与对策研究［D］．财政部财政

科学研究所，2012.

［12］现代管理领域知识更新工程教材编写委员会．现代管理公需教材［M］．企业管理出版社，2008.

［13］广东省国土资源技术中心：资金计划与全面预算的区别与联系［EB/OL］．https：//mp. weixin. qq. com/s/dewIMLD2HxKFYP－4eNm1uQ.

［14］官小春，梁莱歆．高科技企业研发超越预算管理模式研究［J］．科技进步与对策，2010，27（20）：84－88.

［15］韩洁．论超越预算对预算管理改革的重要意义［J］．江西财经大学学报，2006（5）：17－20.

［16］钱乘旦，陈晓律．在传统与变革之间：英国文化模式溯源［M］．江苏：江苏人民出版社，2010.

作品知识产权与法律责任声明

中兴新云 FOL 财务云信息系统，是基于中兴新云团队多年沉淀的财务共享管理理念及信息化建设经验形成的，集合费用、采购、销售、核算、资金和税务六大体系，采用成熟、领先的 IT 技术框架，实现业务数据的自动采集和财务处理的智能高效，帮助企业发挥数据价值。本书中所涉及的系统截图皆是在中兴新云 FOL 财务云信息系统的平台上完成的，知识产权归“深圳市中兴新云服务有限公司”所有，读者仅可用于个人学习或研究，未经中兴新云许可，禁止用于任何商业性、盈利性用途，包括但不限于将系统截图用于文章发表、书籍出版、公开演示等。如有违反，我们将依法追究其法律责任。

深圳市中兴新云服务有限公司

《财务共享服务（第二版）》

ISBN：978－7－5095－8271－8

财务转型的必经之路，跨国公司的最佳实践

《财务共享服务（第二版）》展示了未来财务变革与转型的发展趋势，以财务共享服务的理论与实践为主题，详细讲述了财务共享服务的理论、方法，以及可操作的实施方案与实施步骤。完整、详尽地将财务共享服务展现给读者。同时，这本书在全球最佳实践的基础上，总结了多家大型企业财务共享服务中心的建设及运营经验，可以为希望建立或者已经建立共享服务中心的管理者提供理论框架和实践参考。

《财务共享服务案例集》

ISBN：978－7－5095－5545－3

财务最佳实践，共享成功之道

《财务共享服务案例集》既有 GE、IBM、Oracle 等跨国集团在财务共享服务领域的成功经验，也有中兴通讯、中广核、平安集团等中国企业在此领域的思考和践行，中国角度看世界、国际视野看中国，通过汇聚国际化理念及全球企业最佳实践经验，为共享中心的未来发展提供极具价值的借鉴和参考，也为中国企业的财务转型和价值创造提供新的思路。

《财务就是 IT——企业财务信息系统》

ISBN：978－7－5095－7400－3

信息化的财务，智能化的未来

《财务就是 IT》基于全球先进跨国公司的财务信息系统多年设计、使用和优化经验，从企业三大循环（业务循环、管理循环和信息循环）出发，论述了财务循环的主要内容，提出了财务信息系统的整体架构，深入论述业务层、核算层、管理层和决策层的财务信息系统建设、流程和功能框架，涉及二十个财务信息系统，并给出了大量真实的资料和案例，理论结合实践，为读者展示了一幅企业信息化建设的宏图和参考路径。

《从新开始——财务共享 财务转型 财务智能化》

ISBN：978－7－5095－7704－2

新理念、新思维、新知识、新未来

《从新开始》收录了全球各行各业财务管理者与服务机构的最新研究成果，聚焦财务共享、财务转型、财务智能化，探讨企业在利用财务新模式提高绩效的过程中面临的挑战、问题与潜在机遇，视角独特，力求解读如何顺利实施财务共享，从容应对财务智能化，助力企业实现财务转型。

《财务机器人——RPA 的财务应用》

ISBN：978－7－5095－8709－6

开启第四次会计变革大幕

《财务机器人》基于“大智移云物”的时代背景，描绘了新兴技术对财务的影响，介绍了机器人流程自动化（RPA）技术的原理和特点，并详细阐述了财务机器人的功能、适用的业务场景及流程。同时，本书通过丰富的案例展示了财务机器人在企业中的应用，总结了企业成功实施 RPA 的方法，为企业实现财务流程自动化提供借鉴参考，是一本具备理论、实践和方法论的财务机器人应用书籍。

《全球共享服务》

ISBN：978－7－5095－7856－8

ACCA 全球共享服务证书指定教材

《全球共享服务》融汇了 ACCA 与中兴新云·财务云有关共享的经典理论知识、案例经验和共享调研的最新数据，涵盖了在共享服务中心工作所必备的基础知识——从共享服务的历史背景到行业现状，从流程设计到测量与控制，从关系管理与合规监管到业绩优化与流程改进以及全球共享服务基础财务流程简介——希望帮助财会专业人士扩充知识储备、提升实践能力、拥有未来视野；希望帮助中国企业培养专业人才、引领财务变革、拥有世界级能力。

《智能财务教程》

ISBN：978 -7 -305 -09265 -7

南京大学·中兴新云联手打造精品教材

《智能财务教程》为智能财务云 VR 实验室的配套教材，涵盖财务转型与财务再造、财务共享服务、财务流程及信息化相关理念知识，深入解析企业主价值链的业务场景及财务信息系统应用；通过丰富的企业实践案例与创新的课堂互动设计，革新传统会计教学方式与知识体系，帮助学生理解业财一体化流程、财务信息化与智能化应用，感知财务数字化转型趋势。

《数字财务》

ISBN 978 -7 -302 -56293 -1

数字决胜未来，财务引领发展

本书旨在探讨数字技术带来的财务革命，系统地阐述了数字财务理论到实践的运作过程，从数字技术对财务的影响分析，到对数字财务目标、职能和风险控制的思考，再到数字财务智能生态系统的创建，最后是数字财务的典型案例和实训平台呈现。适合作为正在转型中的财务人员和高校财会、金融类专业师生们的重要参考教材，同时也是商业精英人士了解数字技术和财务变革的一本有益读物。